Peter Kummer

Ab heute besser drauf

Peter Kummer

Ab heute besser drauf

So verändern Sie innerhalb von
48 Stunden Ihr Leben

Der Bestseller in erweiterter Neuausgabe

Herbig

Bildnachweis:

Autor: S. 154, 155
Roland Ziegler: 119

Besuchen Sie uns im Internet unter
http://www.herbig.net

Gedruckt auf chlorfrei gebleichtem Papier

1. Auflage August 1995
2. Auflage September 1995
3. erweiterte und aktualisierte Auflage April 2001

Schutzumschlaggestaltung: Wolfgang Heinzel
Umschlagfoto: Fotostudio Ott-Albrecht, Singen-Hohentwiel
Satz: ew print & medien gmbh, Würzburg
Gesetzt aus 11/13 Punkt Optima in PostScript
Druck: Jos. C. Huber KG, Dießen
Binden: R. Oldenbourg, München
Printed in Germany
ISBN 3-7766-2215-6

*»Wenn ein Geist stirbt,
wird er Mensch,
wenn ein Mensch stirbt,
wird er Geist.«*

Novalis

*»Immer wenn ein Traum stirbt,
geht irgendwo die Sonne auf,
und es wird Tag.«*

Unbekannter Autor

Dank

Mein besonderer Dank gilt heute meiner langjährigen Freundin und Mitautorin dieses Buches, Monika Junghanns. Als Monika und ich uns vor nunmehr knapp 20 Jahren kennen lernten, hätte wohl niemand in unserem damaligen Umfeld auch nur einen Pfifferling darauf gewettet, dass wir beide eines Tages gemeinsam eines der effektivsten und wirksamsten Erfolgs- und Persönlichkeitstrainings im deutschen Sprachraum abhalten werden. Als ich dann am Manuskript für mein erstes Buch »Nichts ist unmöglich« zu arbeiten begann, legte ich unter anderem auch Monika in einem persönlichen Gespräch meine Vorstellungen darüber dar, wie ich mir den Ablauf und Aufbau eines solchen Erfolgs- und Selbstfindungsseminars dachte. Sie erkannte damals sofort, dass meine Vorstellungen mit den ihrigen fast punktuell übereinstimmten, absolvierte ganz spontan und mit Bravour eine der wohl härtesten, besten und intensivsten Ausbildungen, die eine Therapeutin heutzutage in Deutschland überhaupt durchlaufen kann und schloss sich mir und meinen Aktivitäten drei Jahre später an. Heute ist sie für mich nicht nur der wichtigste Pfeiler unserer gemeinsamen Arbeit, sondern auch die Seele unserer Drei-Tages-Aktiv-Seminare. Im vorliegenden Buch erklärt sie mit – wie ich finde sehr verständlichen Worten – unsere Seminararbeit, obwohl diese im Grunde genommen rational gar nicht erklärt werden kann. Ihrer Arbeit und ihrer Fähigkeit, auch größere Teilnehmergruppen souverän und erfolgreich führen und den Einzelnen weit über seine vermeintlichen Grenzen hinaus positiv aktivieren zu können, gilt deshalb mein ganz besonderer Dank.

Peter Kummer

Inhalt

Prolog

Alles Wissen, das wir uns im Laufe unseres Lebens erwerben, ist nur dann wirklich etwas wert, wenn wir es auch umsetzen, anwenden, kurz, wenn wir damit etwas »tun«. Was setzen wir manchmal nicht alles in Bewegung, um Termine mit Freunden oder Geschäftspartnern einhalten und wahrnehmen zu können. Und wie nachlässig behandeln wir dagegen in den meisten Fällen den allerwichtigsten Termin des ganzen Tages, nämlich den mit uns selbst? Dabei vergessen wir sehr oft, dass die unterbewussten Kräfte in uns nur darauf warten, dass wir endlich zum Stelldichein erscheinen und ihnen unsere Träume, Wünsche und Sehnsüchte anvertrauen, damit sie ihrerseits damit anfangen können, uns diese möglichst bald schon zu erfüllen. Stattdessen suchen, kämpfen und »mauscheln« wir immer verbissener auf der materiellen Ebene und versuchen »auf Teufel komm raus«, die gewünschten Ergebnisse mit Gewalt zu erzwingen.

Wer sich dagegen konsequent etwa 30 Minuten pro Tag Zeit nimmt, um seinem Unterbewusstsein die Vorstellung von Harmonie, Gesundheit, Glück, Reichtum und so weiter einzuprägen, der wird sehr bald schon den wirklich tiefsinnigen Ausspruch von Graf Dürckheim verste-

hen, der da lautet: »Hör auf zu suchen, lass dich finden!«
Viele Menschen, die ich kenne, stauben aber lediglich ein Mal wöchentlich ganz ehrfurchtsvoll ihre einschlägige Lebenshilfe-Literatur ab, fragen sich aber andererseits immer wieder verzweifelt, warum die geistigen Gesetze ausgerechnet bei ihnen ganz augenscheinlich nicht richtig funktionieren.
Vor vielen Jahren habe auch ich noch zu genau dieser Kategorie von Suchenden gehört; ich habe mich selbst maßlos bedauert, an Gott, der Welt und den geistigen Gesetzen ständig gezweifelt, bis dann der finanzielle Leidensdruck eines Tages so groß wurde, dass ich schlussendlich dann doch damit begann, mich zwei bis drei Mal fünfzehn Minuten pro Tag zurückzuziehen und mir mit Hilfe meiner Vorstellungskraft ein schöneres und sorgloseres Leben imaginär vorzustellen. Auf diese Art und Weise schuf ich mir eine Art geistiger »Oase« – nicht zuletzt deshalb, um auch den immer häufiger werdenden Anrufen von Gläubigern und Banken, die alle Geld von mir haben wollten, wenigstens einige Minuten am Tag Bilder der Lebensfreude und des Glücks entgegensetzen zu können. Auf diese Art und Weise zwang mich mein Unterbewusstsein damals geradezu, mit ihm in Verbindung zu treten, und zu meiner großen Freude fing all das, was ich damals visualisierte, nämlich eine gute Partnerschaft, Urlaub auf den Malediven, sowie im eigenen Haus zu wohnen, schon nach wenigen Monaten an, sich zu verwirklichen. Zuerst begannen wieder neue Aufträge einzugehen, die gutes Geld einbrachten, womit ich alsbald meine gesamten Schulden begleichen konnte, und acht Monate später war ich dann tatsächlich in der Lage, auf die Malediven fliegen zu können, ohne dass ich dazu einen Kredit hätte aufnehmen müs-

sen. Wiederum drei Jahre danach baute ich mein erstes eigenes Haus und kaufte mir mein Traumauto, einen Porsche 911 Turbo.

Wunder dauern nicht immer etwas länger

Was war passiert? Was war der Unterschied zu den vielen mageren Jahren zuvor? Was hatte zu diesen vielen positiven »Wundern« in meinem Leben geführt? Ganz einfach: Ich hatte damit aufgehört zu suchen und damit begonnen, mich finden zu lassen, oder anders ausgedrückt: Ich begriff endlich, was der Spruch »Hör auf zu suchen, lass dich finden« bedeutet. Fünf Jahre lang, so erkannte ich im Nachhinein, hatten mich nur meine eigenen Angstbilder festgehalten, gebunden, begrenzt, gequält und krank gemacht. Doch dann, innerhalb von wenigen Wochen, habe ich diese anscheinend so übermächtigen Schatten mit Hilfe eben dieses positiv-konstruktiven Denkens und einer gehörigen Portion Selbstdisziplin vertrieben. Heute weiß ich, dass zweimal 15 Minuten am Tag, in denen ich meine geistige Arbeit mache, einfach notwendig sind, um ein viel glücklicheres und zufriedeneres Leben in Gesundheit, Erfolg und Lebensfreude führen zu können. In all meinen Büchern habe ich deshalb auch immer ganz besonderen Wert darauf gelegt, leicht nachvollziehbare Techniken und die vielfältigsten Möglichkeiten der Anwendung des konstruktiven Denkens nicht nur zu erläutern, sondern auch mit lebendigen Beispielen zu untermauern.
Um zu beweisen, dass die Gesetze des Geistes bei wirklich jedem Menschen wirken und funktionieren, begann ich im Jahr 1992 dann damit, zusammen mit meiner

langjährigen Weggefährtin des konstruktiven Denkens, der Psychotherapeutin, NLP- und Mentaltrainerin Monika Junghanns, ganz spezielle Drei-Tages-Aktiv-Seminare abzuhalten, in denen jeder Teilnehmer sich höchstpersönlich von der verblüffenden Wirkungsweise von Worten und Gedankenbildern auf den Körper und der damit unmittelbar zusammenhängenden Veränderung von äußeren Lebensumständen selbst überzeugen kann. Jeder Teilnehmer ist nach einem solchen Seminar ohne weiteres in der Lage – vorausgesetzt, er will es wirklich –, zu Hause das Gelernte weiter anzuwenden und sich damit aus seinen negativen Lebensumständen im wahrsten Sinne des Wortes herauszukatapultieren.

Meine Arbeit mit Monika

Gerade weil es auch für mich und mein Team immer wieder faszinierend ist, wie sich Menschen während eines solchen mentalen Hausputzes in oft weniger als 48 Stunden sowohl innerlich als auch äußerlich sichtbar verändern und oft jahrzehntelange Negativprogramme erkennen und auflösen können, so als wäre dies eine der leichtesten Übungen überhaupt, habe ich Monika Junghanns gebeten, einige Kapitel dieses Buches mit mir gemeinsam zu schreiben. Sie wird Ihnen in den Kapiteln sechs, sieben und acht aus der Sicht des Trainers einmal aufzeigen, wie man durch therapeutische Techniken an die Wurzeln seiner Ängste, Probleme, Blockaden und Nöte kommt, vor allem aber, dass und wie man sie auch wieder auflösen kann. Gerade das Zusammenwirken von positiv-konstruktivem Denken mit ausgeklügelten interaktiven Übungen und Techniken in der Gruppe

bringt dem Einzelnen viel viel mehr als das oft jahrelange Lesen und Vor-sich-Hinwursteln.
Lesen Sie in diesem Buch, wie auch Sie Ihr Leben mit ein klein wenig Mut zum »Tun« – und vielleicht der Bereitschaft, etwas Zeit und Geld in sich selbst und Ihre Zukunft zu investieren – ab sofort von Grund auf glücklicher, erfolgreicher und gesünder gestalten können. Sind Sie interessiert? O.k., dann lassen Sie uns jetzt mit unserer gemeinsamen Arbeit beginnen.

1. Kapitel

Bewusstsein und Unterbewusstsein

- Der Zorn der Götter
- Entdecken Sie Ihre immensen Kräfte
- Unsere Versorgung ist perfekt organisiert
- Das Unterbewusstsein ist eine Art Wunderwerk
- Hegen und pflegen Sie Ihre guten Gedanken
- Ohne Schweiß kein Preis
- Einem anderen etwas wünschen heißt, sich selbst etwas wünschen
- Der Versucher sitzt im Kopf

Der Zorn der Götter

In einer alten Legende heißt es: Als der Götterrat wieder einmal zusammentrat, beratschlagte man sehr lange darüber, wie man wohl die Menschen bestrafen könne, weil diese sich nicht mehr an die göttlichen Gesetze hielten, im Gegenteil, sie sündigten in einem fort und taten alles nur Erdenkliche, um die Himmelsführer immer wieder aufs Neue zu enttäuschen.
»Ich weiß«, sagte einer der Götter, »wir nehmen den Menschen einfach ihre Göttlichkeit, diesen Funken, der sie mit uns verbindet, und verstecken ihn so lange vor ihnen, bis sie sich eines Tages wieder besinnen und zum Pfad der Tugend und des Friedens zurückfinden.« – »Gut«, antwortete ein anderer, »aber wo verstecken wir diese Göttlichkeit vor ihnen, damit sie sie nicht wiederfinden?«
»Ich weiß«, sagte wiederum ein anderer, »wir verstecken sie auf den höchsten Höhen der Berge, da kommen die Menschen nie hin.« – »Ich weiß nicht«, argwöhnte sein Gesprächspartner, »ich glaube, auf der Suche nach ihrem Glück, das ja unmittelbar mit ihrer Göttlichkeit verbunden ist, kommen sie auch dorthin.« – »Ich hab's«, sagte wiederum ein anderer, »wir verstecken sie einfach in den tiefsten Tiefen der Meere, dort können sie auch mit der modernsten Technik nicht hinkommen.« Wieder winkten die meisten der Kollegen ab, denn – so mutmaßten sie –: »Auch dieser Ort wird bald nicht mehr sicher vor den Menschen sein.«
Nach einer langen Zeit der Stille und des Nachdenkens meldete sich dann plötzlich der älteste und weiseste der Götter und meinte: »Ich hab's, wir verstecken sie in den

Menschen selbst! Darauf, dass sie dort suchen könnten, kommen sie niemals. Und selbst wenn einige wenige ihre göttliche Kraft wiederfinden, so werden ihnen die anderen bestimmt nicht glauben.« Dieser Vorschlag wurde vom Rat der Götter einstimmig angenommen und sogleich ausgeführt.

Entdecken Sie Ihre immensen Kräfte

Was will uns dieses Beispiel sagen? Ganz einfach: Dass wir alle wieder lernen müssen, mehr in uns hineinzuhören. Alles was ist, beginnt zunächst immer mit einem Bild oder einer Idee im Geiste, bevor es sich einmal in der sichtbaren Welt manifestieren oder automatisieren kann. Lassen Sie mich Ihnen dies auf die nun folgende Weise verdeutlichen. Egal, was Sie sich im Laufe Ihres bisherigen Lebens auch aneigneten, Sie mussten es immer zuerst lernen und x-fach üben, bevor es zu einem Teil von Ihnen, sozusagen zu einer Art zweiter Natur werden konnte, stimmt's? Ob es das Laufen, das Schwimmen, das Autofahren, das Essen mit Messer und Gabel, das Rechnen, das Schreiben oder auch das Lesen war – alles ist doch letztendlich nur durch ständiges Üben zu einer Art Gewohnheit geworden. Und heute? Sind all diese Abläufe nicht zwischenzeitlich ein Teil von Ihnen geworden, eben eine Art zweite Natur? Einsteigen, Anschnallen, Starten, Kuppeln, Gang einlegen, in den Rückspiegel sehen, Losfahren. Das geht doch inzwischen alles ganz automatisch vonstatten, ohne dass Sie sich noch darauf konzentrieren müssen. Im Gegenteil, Sie denken schon gar nicht mehr bewusst daran und sind in der Regel geistig bereits sehr oft schon einen Schritt weiter, vielleicht beim Einkaufen, einer Verabredung oder einem späteren Termin. Wer fährt denn jetzt Auto, Sie selbst? Nein, Ihr Unterbewusstsein fährt für Sie, denn es ist dazu da, einmal Gelerntes zu speichern, zu automatisieren und es dann quasi auf Befehl selbstständig auszuführen. Wie oft haben Sie beispielsweise schon an Ihrem Autoradio gedreht und dabei vielleicht sogar die Augen kurz von der Fahrbahn abgewendet und trotzdem intuitiv gebremst, nachdem der Vordermann dies auch tat?

Ihr Unterbewusstsein ist täglich 24 Stunden für Sie tätig, egal ob Sie schlafen oder wach sind. Wenn Sie beispielsweise nachts einschlafen, dann ist dies in Wirklichkeit ein »kleiner Tod«, weil sich Ihr Bewusstsein zur Ruhe begibt; aber Ihr Unterbewusstsein ist weiter hellwach, und genau das ist Ihrem Bewusstsein sehr wohl bekannt, sonst würde es sich doch nicht in aller Ruhe zurückziehen können.

Unsere Versorgung ist perfekt organisiert

Wer regelt Ihren Herzschlag in der Nacht, wenn Sie schlafen? Wer verdaut die Erdnüsse und das Glas Wein vom letzten Abend, und wer sorgt für die Verdauung? Wer lässt Ihre Haare, Fingernägel, Fußnägel oder auch den Bart wachsen? Ihr Unterbewusstsein tut all diese Dinge perfekt für Sie. Es lässt Sie träumen, damit Sie Ihre Erfahrungen verarbeiten können, die Sie im Laufe des Tages gemacht haben, denn wenn der Mensch nicht träumen würde, würde er mit der Zeit verrückt werden. Das Unterbewusstsein fährt mit der Körpertemperatur herunter in der Nacht, lässt Ihre inneren Heilkräfte wirken, wenn Sie krank sind; es lässt Wunden heilen, neue Hautschichten entstehen und, und, und. Dieses Unterbewusstsein ist ein wichtiger Teil Ihres Höheren Selbst, und wenn es gemeinsam mit diesem in der Stunde Ihres Todes Ihren Körper verlässt, so hört es auf, den Körperzellen Befehle und Impulse zu geben, und genau deshalb ist der Körper danach auch nicht mehr in der Lage weiterzuexistieren. Also zerfällt er und verwest.

Es ist – um einen ganz simplen Vergleich zu bemühen –, als ob man den Stecker aus der Steckdose ziehen würde. Ohne Strom kann nämlich auch das hochgezüchtetste elektronische Gerät nicht mehr funktionieren. Also muss die Energiequelle, wie auch bei einem solchen Strom gespeisten Elektrogerät, unabhängig von der Gerätschaft, in unserem Falle also vom Körper selbst, existieren. Dass dies so ist und wir wirklich von einer Energiequelle, die unabhängig von unserem Körper und unserem Gehirn in uns existiert, gespeist werden, konnte inzwischen sogar wissenschaftlich nachgewiesen werden (nachzulesen auf Seite 28 in dem Buch von Brunhild Börner-Kray »Der geistige Weg zum Überleben«, Peter Erd Verlag, München). Dort schreibt die Autorin: *»Nun wird dieses Weltbild erneut erschüttert durch den Hirnforscher und Nobelpreisträger Sir John Carew Eccles, der auf dem Weltkongress für Philosophie im August 1978 in Düsseldorf seine Fakten und neuen Entdeckungen auf dem Gebiet der Hirnforschung darlegte, die zu einer völlig neuen wissenschaftlichen Hypothese über den Zusammenhang zwischen Geist und Materie führten. Die wesentliche Aussage besteht darin, dass Bewusstsein grundsätzlich als etwas vom Gehirn Unabhängiges, als etwas außerhalb des zentralen Nervensystems Existierendes angesehen werden muss, das mit dem entsprechenden Organ, dem Gehirn, wohl aber*

in Wechselbeziehung steht. Somit ist das Gehirn ein physisches Offenbarungswerkzeug für etwas von ihm Unabhängiges, Außenstehendes, einer in sich selbst gerundeten Seinsform. Der Australier Sir John Eccles, der diese bedeutungsvollen Ergebnisse erarbeitete, ist einer der angesehensten Gehirnforscher unserer Zeit, der 1963 den Nobelpreis für Medizin in Empfang nehmen konnte.«
Solange dieses Unterbewusstsein aber in uns ist, das heißt, solange wir am Leben sind, können wir es auch benutzen und mit ihm kommunizieren, um unser Leben besser, schöner, gesünder, glücklicher und auch reicher zu gestalten. Um aber auf diesem »Instrument« fehlerfrei spielen zu können, muss man nicht nur wissen, wie es funktioniert, sondern man muss sich auch die Zeit nehmen, den Umgang damit richtig zu erlernen.

Das Unterbewusstsein ist eine Art Wunderwerk

Wir wissen inzwischen also, dass das Unterbewusstsein die Eigenschaft hat, alles zu speichern, was wir ihm geduldig durch Üben einprägen; und wir wissen auch, dass all das Gespeicherte irgendwann, nachdem es automatisiert ist, auch wieder von uns abgerufen werden kann. Da dieses Unterbewusstsein aber mit allem, was wir ihm eingeben, so verfährt, müssen wir peinlichst genau aufpassen, was wir ihm zur Verwirklichung weitergeben. Man könnte das Unterbewusstsein ohne weiteres mit einem Computer oder Tonband vergleichen, denn beide können auch nur das wiedergeben, was zuvor einmal programmiert bzw. aufgezeichnet wurde. Wenn Sie beispielsweise beim 80. Geburtstag von Tante Paula vor der versammelten Mannschaft einen Familienfilm vorführen wollen und versehentlich »Graf Pornos Abenteuer« einlegen, weil Sie fälschlicherweise die verkehrte Kassette mitgebracht haben, so kann der Videorecorder schließlich auch nicht dafür verantwortlich gemacht werden, dass plötzlich alle Gäste mit schmalen Lippen und Zornesröte im Gesicht (außer vielleicht Tante Paula selbst) die Feier fluchtartig verlassen. Ebenso ist es mit Ihrem Unterbewusstsein; wenn Sie es ein Leben lang mit geistigen Bildern von Furcht, Krankheit, Mangel und anderen schrecklichen Dingen füttern, dann dürfen Sie sich nicht wundern, wenn Sie all diese Zustände eines Tages auch real erleben. Nun fragen Sie sich unterdessen vielleicht, wie es überhaupt dazu kommen kann, dass Ihre Befürchtungen eher Einlass ins Unterbewusstsein finden als Ihre Wünsche. Dr. Murphy sagte einmal zu diesem Thema: *»Sie bekommen im Leben immer nur das, was Sie erwarten, und nicht das, was Sie wollen.«* Im Klartext: Wenn Sie zwar reich sein wollen, Ihre innere Rede, Ihre Gedanken und Vorstellungen sich aber dominant mit Mangel beschäftigen, weil Sie einfach mit Ihrem Geld nicht auskommen, dann siegt immer der stärkere, der erhabenere Impuls, der sich tagtäglich in Wórten und Gedanken wiederholt, und das wäre in diesem Fall eindeutig das Mangeldenken.

Hegen und pflegen Sie Ihre guten Gedanken

Jeder Gedanke ist im Grunde genommen aber eine Art »geistiger Same«, und genauso wie wir den physischen Samen in die Erde stecken, pflanzen wir auch unseren geistigen Samen ein, in diesem Fall allerdings in den fruchtbaren Boden unseres eigenen Unterbewusstseins.

Eben weil jede Manifestation in unserer dreidimensionalen Welt eine geistige Ursache haben muss, ist es auch sehr leicht zu verstehen, dass wir, wie es auch schon in der Bibel steht, nicht nur Schöpfung, sondern gleichzeitig auch Schöpfer sind. Unsere Gedanken sind also genauso fruchtbar wie das Weizen-, Gersten- oder Maiskorn auf dem Feld, und sie bringen ebenso ein Vielfaches von dem hervor, was einmal von uns gepflanzt respektive gedacht wurde. Aber wie in der Natur kann auch in unserem Unterbewusstsein nur das gedeihen, was wir zuvor eingesät haben, und deshalb müssen wir sehr genau aufpassen, was wir bezüglich der Verwirklichung an Gedankensamen ins Unterbewusstsein weitergeben. Auch dort gilt: Wenn ich Mais pflanze, kann nur Mais wachsen. Der Bauer, der hier in unserer dreidimensionalen Welt in eine Samenhandlung geht, sucht sich doch auch ganz bewusst den richtigen Samen aus; danach bereitet er den Boden vor, sät ein und vertraut dann dem Gesetz des Wachstums. Ja, er legt sogar seine ganze Existenz, seine Familie, sein ganzes Vertrauen in die Gesetze der Natur, die da lauten: Alles wächst stets nur nach seiner eigenen Art. Kein Bauer schlägt ein Zelt auf seinem Acker auf, um zu prüfen, ob das, was er da gesät hat, auch wirklich aufgeht und ob auch Mais wächst, wenn er Mais gesät hat. Im Gegenteil, er weiß um die Vorgänge in der Natur, und er vertraut ihnen. Wenn Sie beispielsweise im Wald eine Eichel oder eine Buchecker finden, dann denken Sie doch einmal ganz bewusst darüber nach, dass in dieser Eichel bereits eine perfekte Eiche und in der Buchecker bereits eine perfekte Buche enthalten ist.

Und nun überlegen Sie einmal, was Sie mit Ihren eigenen geistigen Samen – Ihren Gedanken also, die ja in sich auch schon die perfekte Verwirklichung enthalten –

alles tun und erreichen können, wenn Sie dasselbe Vertrauen in sich selbst entwickeln können wie der Landwirt in die Kraft der Erde.

Ohne Schweiß kein Preis

Vor den Erfolg haben die Götter aber nun einmal den Schweiß gesetzt, und deshalb ist erstens das Studium der geistigen Gesetzmäßigkeiten, zweitens Durchhaltevermögen, drittens Disziplin und viertens der absolute Wille, gesteckte Ziele auch wirklich erreichen zu wollen, sowie ständiges Training mit Bejahungen und geistigen Vorstellungsbildern absolute Voraussetzung, um einmal ein erfolgreicher »Farmer« auf dem Gebiet der geistigen Gesetze zu werden. Mehr brauchen Sie nicht, um Ihr Leben grundlegend verändern zu können, denn Gott ist kein Anseher der Person, und seine Gesetze sind niemals launisch. Jeder, der sich an die Regeln hält, kann deshalb sehr schnell zum Gewinner, zum Meister seiner Lebensumstände avancieren.

Die Gesetze von Ursache und Wirkung gehören – und das ist sehr wichtig zu wissen – der Kategorie der Naturgesetze an, auch wenn dies viele unserer heutigen Wissenschaftler, Journalisten und Politiker (noch) nicht wahrhaben wollen. Wer aber einen Stein in die Luft wirft, der weiß, dass er aufgrund der Erdanziehungskraft auch dorthin wieder zurückfallen muss. Er wird weder beim fünften noch beim millionsten Mal Flügel bekommen und davonfliegen.

Aus einem Salatsamen wird immer Salat entstehen und niemals Zuckerrüben, egal, ob Sie einen einzigen oder fünf Millionen dieser Samen auswerfen, und so kann auch der Mensch immer nur das Produkt seiner dominanten Gedanken, Überzeugungen, Hoffnungen und Ängste sein. Gestern, heute, morgen und in alle Ewigkeit.

Einem anderen etwas wünschen heißt, sich selbst etwas wünschen

Wenn Sie beispielsweise einem anderen Menschen etwas Gutes wünschen, dann sind Sie im Grunde genommen überaus egoistisch, denn Sie wünschen sich ja dies indirekt selbst. Ihr Unterbewusstsein, welches immer nur die ausführende Instanz in Ihrem Leben ist, weiß nämlich nicht, wer Herr Müller oder Frau Maier ist – also der- oder diejenige, dem oder der Sie vielleicht gerade etwas Gutes wünschen. Es nimmt ausschließlich nur die in diesem Falle positiven Energien über die Gedankenebene auf und wandelt sie völlig neutral um in reale Geschehnisse. Wenn nun Herr Müller oder Frau Maier zum gleichen Zeitpunkt ebenfalls positive Gedanken über sich selbst und ihre eigene Zukunft haben, so helfen Sie durch Ihre geistige Unterstützung tatsächlich dabei, diese positiven Energien zu verstärken und zu bekräftigen. Alle Energien nämlich, die sich mit parallel fließenden, gleichgearteten Impulsen aufladen können, wirken verstärkend, und zwar genauso zu Ihrem Wohle wie auch zu dem von Herrn Müller oder Frau Maier.
So weit, so gut. Was passiert aber mit negativen Gedankenbildern, mit Flüchen, Verwünschungen, Verdammungen, Hass, Wut und ähnlichen negativen Regungen? Selbstverständlich werden auch diese in derselben Art und Weise verstärkt und fallen zunächst einmal als Wirkungen auf den zurück, in dessen Bewusstsein sie

verursacht wurden. Kompliziert? O.k., nehmen wir ein Beispiel, um diese Zusammenhänge noch etwas deutlicher zu machen.
Frau Müller hat eine Wut auf Frau Maier, weil diese ihr den Freund ausgespannt hat. Frau Maier ihrerseits beherbergt dagegen in ihrem eigenen Bewusstsein ein Gefühl der Freude und des Glücklichseins, weil der »neueroberte« Freund nun sie besucht und nicht mehr Frau Müller. Frau Müller dagegen hegt Groll, Wut und andere Negativgedanken oder -energien in ihrem Bauch, und auch in ihren Gedankenbildern spielen sich nur noch Szenen ab, die mit Ressentiments und Rachegedanken gegenüber ihrem Ex-Freund und Frau Maier zu tun haben, weil sie sich selbst ab sofort nächtens wieder mit einer Wärmflasche begnügen muss, nachdem ihr Liebhaber zu Frau Maier gezogen ist.

Der Versucher sitzt im Kopf

In wessen Bewusstsein sitzt also der Versucher, der Kobold des Unfriedens, der als Ursache gerade dabei ist, zur Wirkung – also zu einem Negativergebnis – zu reifen? Natürlich steckt er im Geist von Frau Müller, denn sie sendet ja die negativen Energien aus, die eines Tages gleich einem Bumerang auch wieder verstärkt auf sie selbst zurückfallen müssen. Mit Frau Maier hat dies momentan alles recht wenig zu tun, denn der Hass und die Wutgedanken gehen allein von Frau Müller aus. Jeder Gedanke wächst, ebenso wie auch jede Pflanze, immer nur nach seiner Art, und ein gepflanzter Kirschbaum kann deshalb auch nur Kirschen hervorbringen und in gar keinem Falle Mirabellen oder gar Birnen.

Dies ist der wichtigste Punkt, warum Sie sich keine negativen Gedanken leisten können, weil der Empfänger immer mit dem Absender identisch ist, auch wenn man glaubt, damit andere treffen zu können. Die geistigen Gesetze lassen sich von uns weder ausschalten noch überlisten. Aber wir können lernen, mit ihnen zu kooperieren, was uns allerdings immer nur dann gelingt, wenn wir wirklich bereit sind, uns auf ihre ureigene Schwingungsebene einzupendeln.

Andere Menschen zu belügen, zu betrügen und selbst ungeschoren zu bleiben, das gibt es nur im Film, beispielsweise in den amerikanischen Serien »Dallas«, »Dynastie« oder »Falcon Crest«, um nur einige dieser »Seifen-Opern« zu nennen. In diesen Serien gaukelt man den Menschen vor, dass man mit Betrug, dunklen Machenschaften, Machtmissbrauch und Lügen auf Dauer reich, wohlhabend, gesund und glücklich leben kann; was wiederum beweist, dass die Autoren solcher Fernsehserien absolut keine Ahnung von den geistigen Gesetzen haben können.

Der Zusammenhang von Ursache und Wirkung in Verbindung mit unseren Gedanken ist wohl mit der größte Stolperstein, den wir im Laufe unserer Entwicklung und der Arbeit mit den geistigen Gesetzen aus dem Weg räumen müssen. Meist reicht es aber nicht aus, ihn ein Dutzend Mal zu beseitigen, weil wir ständig mit unseren Emotionen wieder und wieder daran kleben bleiben.

Deshalb seien Sie sehr großzügig mit Ihren guten Wünschen, senden Sie sie en masse an alle Menschen Ihrer Umgebung aus und werden Sie ein Großverteiler des Guten und des Positiven; etwas Besseres können Sie für sich selbst, Ihren Erfolg, Ihre Gesundheit und Ihr eigenes Wohlergehen nämlich gar nicht tun.

2. Kapitel

Alles entwickelt sich

- Mein kleiner spanischer Freund
- Er verteidigte meine Habseligkeiten
- Die Zitronen von Kalifornien
- Greta Garbos Traum
- Suggestionen können krank machen
- Keine Höhenangst
- Franks Negativerfahrungen
- Ängste sind nur Schatten

Mein kleiner spanischer Freund

Als ich einmal in Spanien Urlaub machte, besuchte mich jeden Tag ein kleiner, verlauster, aber sehr lieber Hund Marke Promenadenmischung. Immer wenn er kam, stupste er mich, wenn ich gerade wieder einmal faul auf der Terrasse lag und mich sonnte, mit der Schnauze leicht an. Ich gab ihm dann etwas Wasser und ein paar Hundekräcker, die ich für ihn im Supermarkt gekauft hatte. Nachdem er gefressen und getrunken hatte, legte er sich dann zur Verdauung eine knappe Stunde unter meine Liege in den Schatten, um sich danach bis zum nächsten Tag wieder zu verabschieden.
Als er das erste Mal zu mir kam, sah ich, dass er zuvor von einigen Touristen in anderen Bungalows – wahrscheinlich wegen seines, mit Verlaub, mehr als abenteuerlichen Aussehens – verjagt wurde. Für mich war es sehr lustig, aber auch überaus interessant zu sehen, dass er zwar einerseits nur kam, um zu fressen und zu trinken, andererseits aber auch, wie er mir sein Vertrauen bewies, indem er sich unter meine Liege zum Schlafen legte.

Er verteidigte meine Habseligkeiten

Eines Abends, als ich von einem Ausflug nach Hause kam, herrschte große Aufregung im Bungalowdorf, denn am helllichten Tag hatte eine Bande Jugendlicher in fast alle Ferienhäuser eingebrochen, während die dort wohnenden Sonnenanbeter am Strand lagen. Bei mir hatte allerdings niemand eingebrochen, denn mein kleiner

Freund, dem ich ja nicht sagen konnte, dass ich am heutigen Tag einen Ausflug machen würde, lag unter meiner Liege und knurrte jeden ziemlich böse an, der sich auch nur der Terrasse zu nähern versuchte. So erwies es sich zum guten Schluss noch als weise Tat, dass ich ihn täglich fütterte, weil meine Investition in die paar Dosen Hundefutter und Kräcker mich nur einen Bruchteil dessen kostete, was ich an Verlust hätte schlucken müssen, wenn die Bande auch meinen Bungalow ausgeräumt hätte – ganz abgesehen vom Ärger mit der Polizei und der Versicherung. Wer sich innerlich positiv und lebensbejahend ausrichtet, der wird immer von der Gottesgegenwart in seinem Unterbewusstsein positiv geführt und geschützt werden. Es gibt keine Zufälle und widrigen Umstände; es sind unser Denken und unsere Einstellung, die entscheiden, welche Umstände wir zu uns ziehen und ob diese gut oder schlecht für uns sind.

Die Zitronen von Kalifornien

Unser Leben kann uns also nur die Früchte präsentieren, deren Samen wir ausgewählt und gesät haben. Während ich diese Zeilen schreibe, sitze ich auf der Terrasse eines Hauses in Palm Desert, Kalifornien, und sehe direkt vor mir einen mit gelben Früchten prallgefüllten Zitronenbaum. Glauben Sie, dieser Baum käme auf die Idee, im nächsten Jahr – sagen wir – Äpfel zu produzieren? Wenn Sie einen Zitronenbaum pflanzen, müssen Sie sich von Stund an damit abfinden, dass Sie auch immer nur Zitronen ernten können, und wer ständig Angst, Furcht, Hass und ähnliche Gedanken in seinem Geist pflegt, der muss eben auch damit rechnen, eines

Tages nur die Früchte genau dieser Saat ernten zu können, und diese Früchte sind nun einmal Leid, Verlust, Krankheit und widrige Lebensumstände. Amerikanische Wahrheitslehrer sagen: »The rest of your life begins today« (Der Rest deines Lebens beginnt heute). Ändern Sie also jetzt Ihr Denken, halten Sie ab sofort unablässig daran fest und Sie verändern damit Ihre Zukunft. Ihr Unterbewusstsein ebenso wie der Boden der Natur sind absolut neutral und lassen nur das für uns wachsen, was wir eingesät haben – so einfach ist das.

Greta Garbos Traum

Von Greta Garbo, der großen schwedischen Schauspielerin, ist die folgende Geschichte überliefert. Sie wuchs in den 20er Jahren in den Armenvierteln Stockholms auf; ihr Vater war Alkoholiker, ihre Mutter Putzfrau. Letztere war allerdings meist mehr damit beschäftigt, ihren Ehemann zu verprügeln, als putzen zu gehen. Greta Garbo arbeitete als Verkäuferin in einem kleinen Warenhaus, und ihr größter Traum war es, eines Tages Schauspielerin zu werden. Von ihrem sauer verdienten Geld kaufte sie nicht nur Zeitschriften und Illustrierte, die über das Leben und Wirken der damaligen Filmstars berichteten, sondern auch das, was es zu dieser Zeit in Schweden nur sehr schwer zu kaufen gab, nämlich Apfelsinen. An den Abenden lag sie im Bett und betrachtete die Filmstars, die in ihren Magazinen abgebildet waren, aber auch ebenso intensiv ihre Apfelsinen, die sie niemals sofort aß, sondern erst tagelang begutachtete und ob ihrer Seltenheit zärtlich streichelte. Jede Pore dieser Frucht prägte sie sich ein, und sie nahm sich fest vor, dass sie Apfelsinen en masse besitzen werde, wenn sie erst einmal ein großer Filmstar sein wird. Nun, wie Sie wissen, ist sie der größte weibliche Filmstar aller Zeiten geworden. Was Sie vielleicht aber noch nicht wissen, ist, dass ihr erstes Haus, das sie sich in der Nähe von Hollywood kaufte, an einer Seite des Gartens wie »zufällig« von einem Hain von Orangenbäumen begrenzt wurde. Diese große Dame des Films wurde als Kind ständig von ihren Eltern gescholten, sie solle sich mehr auf die Realität konzentrieren und weniger auf ihre verrückten Träume, Schauspielerin zu werden. Auch für Greta Garbo galt das ewige Gesetz von Ursache und Wirkung, so wie es für Sie und für uns alle gilt, und zwar schon vom ersten Tag unserer Geburt an. Anders ausgedrückt: Worauf ich meine Aufmerksamkeit richte, dahin fließt meine Lebenskraft. Wer frei nach dem Grundsatz handelt: »Das Leben ist wie ein Kinderhemd, so kurz und so besch...«, der darf sich nicht wundern, wenn sich dies in seinem Leben auch verwirklicht. Vorsicht mit solchen oder ähnlichen Sprüchen, denn wenn wir sie ständig wiederholen, tendieren sie dazu, sich genauso zu verwirklichen wie jede andere ständige Wiederholung auch; sie sinken in die fruchtbare Erde unseres Unterbewusstseins und beginnen dort, sich zu entfalten.

Unser Verstand wurde uns in erster Linie deshalb gegeben, damit wir die richtige Entscheidung darüber treffen können, was gut oder schlecht für uns ist. Die giftigen Beeren in der Natur haben auch ihren Sinn und Zweck und sind deshalb vom Prinzip her nützlich und positiv, und trotzdem würden sie uns töten, wenn wir sie essen. Wäre dies aber die Schuld dieser Beeren? Nein, es wäre die Schuld jenes »Deppen«, der sie wider besseres Wissen isst. Es gibt schließlich genügend Bücher und Informationsmöglichkeiten, um sich schlau zu machen, bevor man etwas isst, das man nicht kennt. Wir können es also drehen und wenden, wie wir wollen, die Verantwortung liegt immer bei uns selbst und niemals bei anderen Menschen oder Umständen.

Suggestionen können krank machen

Wie sehr wir Menschen Suggestionen unterliegen, soll das folgende Beispiel sehr eindrucksvoll belegen. Ein Mann begegnet des Morgens auf dem Weg zur Arbeit einem Freund, der ihn kurz mustert und dann sagt: »Du siehst heute Morgen aber sehr schlecht aus, fehlt dir was?« Der Angesprochene verneint die Frage, ist aber ein wenig verunsichert, als die beiden sich voneinander verabschieden. Dann steigt er in den Bus. Der Fahrer, bei dem er das Fahrgeld bezahlt, fragt ihn: »Ist Ihnen heute nicht gut, Sie sind im Gesicht weiß wie eine Wand.« Jetzt weiß er selbst nicht mehr, ob es ihm gut oder schlecht geht, denn langsam bemächtigt sich Angst seiner Person, und er fühlt sich wirklich von Minute zu Minute schlechter. Wenn ihn nun auch noch sein Chef in der Firma zu sich ruft und sagt: »Um Gottes willen, was ist denn mit Ihnen, Sie sind ja ganz grün im Gesicht. Setzen Sie sich, ich lasse einen Arzt kommen«, dann kann es sein, dass er wirklich weiche Knie bekommt und sich hinsetzen muss.

Dies waren insgesamt drei Personen und drei Sätze, die allesamt in der Lage sind, einen kerngesunden Menschen krank werden zu lassen, und zwar innerhalb kürzester Zeit. Wie würde es denn Ihnen ergehen, wenn man Ihnen ständig sagen würde, wie schlecht Sie momentan aussehen? Mit einem solchen Programm könnte man so manchen Menschen ins Krankenhaus »reden«, obwohl er im Grunde kerngesund ist. Das sind Suggestionen.

Überlegen Sie einmal: Sie betreten ein Restaurant, in dem gerade eine große Gesellschaft Pfifferlinggulasch mit Semmelknödeln und Salaten der Saison gegessen hat; alle warten auf den Nachtisch. Nun erscheinen Sie und verkünden im Brustton der Überzeugung und mit sehr ernster Miene, Sie seien von der Gesundheitsbehörde und hätten vor wenigen Minuten erfahren, dass der Koch des Restaurants einige Fliegenpilze mitgekocht hätte aus Rache seinem Chef gegenüber, der ihn entlassen wolle. Was, glauben Sie, wird passieren?

Das waren jetzt nur zwei ganz simple Beispiele, wie man Menschen mit Angstsuggestionen in Panik versetzen kann. Wir alle unterliegen aber täglich ähnlichen Suggestionen durch die Zeitungen, den Rundfunk, das Fernsehen und andere Medien, wenn sie über Krebs, Aids, Kriege, Erdbeben, Mord oder Totschlag, Einbruch und vieles andere berichten. Langfristig schüren all diese Medien die Ängste von uns Menschen, und zwar so lange, wie wir diese Suggestionen nicht durch positive Gedanken, Worte und Werke neutralisieren und durch eine positive Geisteshaltung ins Gegenteil verwandeln. Wer sich täglich imprägniert, beispielsweise durch Sätze wie: »Es geht mir von Tag zu Tag immer besser, besser und besser« oder »Ich bin die allgegenwärtige, allmächtige, beschützende Intelligenz« oder »Ich bin die Gegenwart, die diesen Körper mit reiner elektronischer Kraft lädt«, der wird niemals negativen Suggestionen unterliegen, weil in seinem geistigen Bereich und in seinem Unterbewusstsein ganz einfach kein Platz ist für Negativitäten.

Manche Menschen fragen mich, wenn ich in Vorträgen darüber spreche, dass man mehrmals täglich mit Vorstellungen und Bejahungen arbeiten soll: »Sagen Sie uns bitte, wann wir dies tun sollen. Wir haben einfach keine Zeit dafür.« Meine Antwort auf solche Fragen lautet: »Am besten immer!« Gewöhnen Sie sich daran, überall, wo Sie gehen und stehen, Ihre Gedanken und Vorstellungen zu kontrollieren, denn nur durch ständiges Auf-der-Hut-Sein können wir langfristig dem Kreislauf des Negativen entgehen. Auf jeden Fall ist es gesünder als Fingernägelkauen oder in der Nase zu bohren. Sie sehen, es ist immer nur eine Frage des Wollens, denn wo ein Wille ist, ist bekanntlich auch ein Weg. Wer gesund, erfolgreich und positiv leben will, der wird das auch tun können, wenn er sich innerlich genau dafür entscheidet, denn alles, was Sie in Ihrem Bewusstsein annehmen und sich vorstellen können, hat die Kraft, sich in Ihrem Leben zu verwirklichen.

Keine Höhenangst

Als Philippe Petit, ein französischer Artist, auf einem in fünfzig bis achtzig Meter Höhe gespannten Seil vor mehr als fünfzigtausend Zuschauern in fünfundzwanzig Minuten ohne Netz und Fangleine die dreihundert Meter zwischen den Türmen von Kaiserdom und Karlskirche in Frankfurt auf einem vierundzwanzig Millimeter dicken Seil zurücklegte und dabei unter anderem seinen Mantel, einen Hut und eine Jacke ablegte, wurde er danach von verblüfften Journalisten gefragt, ob er denn keine Angst hätte. »Angst? Wovor?«, antwortete er. »Ich kann doch gar nicht herunterfallen, das ist nicht Teil meines Universums!« Wenn Sie jetzt sagen: »Ja, das verstehe ich«, so würde ich mich darüber freuen. Aber ich rate Ihnen dringendst davon ab, etwas Ähnliches zu riskieren, bevor Sie nicht – wie das bei Petit der Fall ist – mit jeder Faser Ihres Herzens von dieser Aussage überzeugt sind, denn daran hatte er viele, viele Jahrzehnte tagtäglich gearbeitet.

Franks Negativerfahrungen

Ein Freund von mir, der eine Radio- und Fernsehhandlung in der Nähe meines Heimatortes betreibt, sagte einmal während eines kleinen Plausches an seinem Ladentisch zu mir: »Mir stinkt es seit mehreren Wochen schon gewaltig; ich habe es einfach satt, Fernsehgeräte zu schleppen. Ich spiele mit dem Gedanken, den Laden zu schließen und mich nach einem neuen Job umzusehen.« Obwohl sein Geschäft gut lief, hatte er schlichtweg die Nase gestrichen voll.
Vier Wochen später fiel er beim Radfahren so unglücklich hin, dass er sich eine schmerzhafte Ellbogensplitterung zuzog. Jetzt konnte er keine Fernseher mehr schleppen, und nun raten Sie, was er diesmal zu mir sagte: »Wie schön war es doch, arbeiten zu können. Wenn ich nur zwei gesunde Arme hätte! Ich könnte wenigstens meine Fernseher selbst ausliefern.«
Sind wir nicht alle sehr oft unzufrieden, obwohl eigentlich alles zum Besten steht – so wie das bei Frank der Fall war –, und trotzdem passt uns manches nicht? Etwas zu schätzen, was wir gehabt haben, lernen wir meist erst dann, wenn wir es nicht mehr haben. Überlegen Sie daher immer, was Sie sagen und vor allem, was Sie wiederholt sagen, denn Sie wissen ja inzwischen: Alles, was Sie aussenden, kehrt immer wieder verstärkt zu Ihnen

zurück. Als ich Frank diese Zusammenhänge darlegte, nickte er beflissen und meinte: »Manchmal redet man wirklich aus irgendeiner Laune heraus einen solchen Blödsinn daher. Heute bin ich froh und dankbar, dass ich nur eine ›gelbe Karte‹ bekommen habe, sie hätte unter Umständen ja auch ›rot‹ sein können.«

Ängste sind nur Schatten

Was wir alle so gerne »Zufälle« nennen, sind in Wirklichkeit meist geistig-mentale Zusammenhänge, frei nach dem für Geist und Materie gleichermaßen gültigen Naturgesetz von Ursache und Wirkung. Wer diese Zusammenhänge einmal erkannt und verstanden hat, der wird niemals mehr ängstlich sein oder Furcht vor Versagen haben. Eine sehr kluge Lebenshilfelehrerin und gute Freundin von mir sprach mir sozusagen direkt aus der Seele, als sie einmal sagte: »Am liebsten würde ich diese Zusammenhänge jedem meiner ›Schüler‹ intravenös spritzen, damit sie endgültig und unverrückbar verankert bleiben.«

3. Kapitel

Eine Idee, deren Zeit gekommen ist

- Der innere Helfer
- Es funktioniert tatsächlich
- Als Kind vergewaltigt
- Die Drei-Tages-Klausur
- Ihr Problem war gelöst
- Ein Besuch in Sachsen
- Herrn Honeckers Teeplantagen
- Die Natur wehrt sich
- Zunächst ist es noch Utopie
- Der verantwortliche Umgang mit unseren Kindern

Der innere Helfer

Eine junge Frau fragte mich einmal, ob man positive Bejahungen auch bei Schlafstörungen anwenden könne. Ihr Problem war, dass sie ständig zwischen zwei und drei Uhr nachts aufwachte und danach nicht mehr oder erst sehr spät (gegen fünf Uhr früh) wieder einschlafen konnte. Diese Schlafstörungen habe sie schon seit mehreren Jahren, fuhr sie fort, und auch die Einnahme von Schlafpillen würde nach spätestens zwei Wochen keine Wirkung mehr zeigen. Ich riet ihr: »Wenn Sie heute Abend zu Bett gehen, so legen Sie sich zunächst flach auf den Rücken und atmen Sie einige Male mit geschlossenen Augen tief durch. Lassen Sie dann fünf oder sechs Atemzüge lang den Atem zuerst in Ihr rechtes Bein und dann in Ihren rechten Fuß fließen und spüren Sie dabei eine leichte Schwere. Verfahren Sie ebenso mit dem linken Bein und dem linken Fuß. Danach lassen Sie Ihre Aufmerksamkeit und Ihren Atem erst in Ihren linken Arm und die linke Hand, gefolgt vom rechten Arm und der rechten Hand, fließen. Atmen Sie zum Schluss noch ein paar Atemzüge in Ihren Rumpf und fühlen Sie, wie Atem und Schwere auch dort ein- und ausfließen. Danach sagen Sie laut – oder auch leise, wenn Sie nicht alleine schlafen – zu sich selbst: ›Ich werde in dieser Nacht völlig ruhig, fest und sehr tief schlafen. Ich erwache erst am Morgen um sieben Uhr (je nach Bedarf die persönliche Weckzeit angeben) frisch und erholt. Ich bin dankbar, dass ich diesen tiefen und festen Schlaf ausgiebig genießen kann, und danke der unendlichen Intelligenz in mir, die während dieser Zeit meine sämtlichen Körperfunktionen überwacht und perfekt regelt, von

ganzem Herzen für diesen wunderbaren, tiefen und erholsamen Schlaf.‹ Danach drehen Sie sich um und lassen sich in den Schlaf sinken, ohne darüber nachzudenken, ob Sie vielleicht doch zwischenzeitlich aufwachen könnten. Stellen Sie sich stattdessen vor, welche Freude und welches Glück Sie empfinden, wenn sich alles verwirklicht hat und Sie pünktlich, wie in diesem Beispiel, um sieben Uhr morgens aufwachen. Es ist sehr wichtig, mit dieser Vorstellung vor Ihrem geistigen Auge einzuschlafen, denn dieses innere Bild verstärkt die Botschaft, die Sie Ihrem Unterbewusstsein zuvor per Wort vermittelt haben, erstens immens, und zweitens kommen Sie so gar nicht auf den Gedanken, irgendwelche Furchtüberlegungen zuzulassen.
Würden Sie dagegen wieder daran denken, dass Sie nicht einschlafen können, und es auch bildlich vor sich sehen, wie Sie um zwei Uhr nachts frustriert aufwachen, so würde dieses innere Bild die zuvor gegebene positive Botschaft wieder unwirksam machen und sich seinerseits verwirklichen; so stark sind nun einmal geistige Bilder, ob im Positiven oder Negativen.«

Es funktioniert tatsächlich

Am selben Abend noch begann diese junge Frau damit, meine Ratschläge in die Tat umzusetzen – und Sie erlebte danach die erste Nacht seit vielen Jahren, in der sie tief und fest bis etwa sieben Uhr morgens durchschlief. Es funktionierte also. Nicht nur die Tiefschlafformel, sondern auch der innere Wecker arbeitete tadellos und weckte sie fast überpünktlich zum »bestellten« Zeitpunkt auf. Solche kleinen Übungen sind für viele Menschen oft der Start in ein neues und besseres Leben, denn eigene Erfahrungen wiegen tausendmal mehr als alles angelesene Wissen. Die praktische Arbeit bringt Ergebnisse, das halbherzige Herumexperimentieren, Zweifeln und Warten, was passiert, bringt nur wiederum das, was damit ausgesät wurde, nämlich weitere Zweifel. Der große K. O. Schmidt aus Reutlingen schreibt in einem seiner vielen wunderbaren Bücher (»Der geheimnisvolle Helfer in Dir«, Hermann Bauer Verlag, Freiburg) auf Seite 128: *»Wer den inneren Helfer nicht nutzt, ist wie jemand, der ein dickes Bankkonto hat und nichts abhebt. Ein solches Bankkonto aber ist wertlos.«* In der Tat: Ist es nicht verrückt, ein dickes Bankkonto zu haben und zu darben? Gerade bei uns im Schwabenland (man sagt ja, ein Schwabe wäre ein wegen übermäßigem Geiz ausgewanderter Schotte) kommt es vor, dass gerade Menschen der älteren Generation manchmal Millionen auf dem Konto haben und dazu sechs oder acht Mietshäuser im Zentrum Stuttgarts oder einer anderen Stadt – und trotzdem eingerichtet sind und ein Leben führen, als wären sie auf die Sozialhilfe angewiesen. Raffgier gibt es überall auf der Welt, aber ich glaube, gerade hier bei uns im Schwabenland hat sich eine ganz spezielle »Filiale« dieser Spezies gegründet.

Als Kind vergewaltigt

Karin Schulz war 14 Jahre alt, als sie von ihrem Stiefvater vergewaltigt wurde. Sie lebte damals zusammen mit ihren zwei Schwestern und der leiblichen Mutter in der Nähe von Köln. Ihre Jugend war nicht gerade ein Zuckerlecken, und erst als sich die Mutter von dem damaligen Partner, dem Stiefvater von Karin, trennte, weil dieser sich immer mehr dem Alkohol und anderen Frauen zuwandte, wurde das Leben auch für die drei Mädchen etwas leichter. Sie mussten zwar von diesem Zeitpunkt an alle etwas mehr arbeiten, um gemeinsam eine neue Wohnung einrichten zu können und obendrein jeden Tag satt zu werden, aber es hat sich gelohnt und alle vier waren wieder sehr zufrieden.

Die Drei-Tages-Klausur

Als ich Karin kennen lernte, war sie 54 Jahre alt und Teilnehmerin an einem meiner Drei-Tages-Aktiv-Seminare. Nun dürfen Sie sich allerdings unter diesen Seminaren nicht vorstellen, dass ich meine Teilnehmer drei Tage lang mit theoretischem Stoff füttere. Nein, wir arbeiten vielmehr sehr praktisch mit dem Unterbewusstsein, indem wir mittels Bewegung, Meditationen und vielen anderen Aktivitäten, die Ihnen später von meiner Seminarleiterin noch ganz genau erklärt werden, den einzelnen Teilnehmer erleben lassen, wie er konkrete Ergebnisse in der Arbeit mit den geistigen Gesetzen produzieren kann.
Geleitet werden diese Aktivitäten und Seminare nicht nur von mir, sondern auch von meiner langjährigen Gefährtin auf dem Weg des konstruktiven Denkens, der Therapeutin Monika Junghanns, über deren Arbeit ich immer wieder wahre Lobeshymnen von den Teilnehmern zu hören bekomme.
Nun aber zu Karin. Als sie mir zum ersten Mal begegnete, fiel mir auf, dass ihre beiden Arme über und über von einer Art Schuppenflechte befallen waren, und auf

meine Frage, wie lange sie schon an dieser Krankheit leide, antwortete sie: »Schon seit fast zehn Jahren; kein Arzt konnte mir bisher wirklich entscheidend helfen. Manchmal wird es zwar etwas besser, aber niemals gehen diese Flechten ganz zurück.«

Bei einer Übung während des Seminars tauchte nun vor Karins geistigem Auge auf einmal wieder jene Szene ihrer damaligen Vergewaltigung durch den Stiefvater auf, und sie begann deshalb heftig zu weinen. Monika, die sofort bei ihr war, forderte sie auf, in diesem Erlebnis noch etwas zu bleiben und sich das Ganze nochmals bewusst anzusehen, was sie unter seelischen Schmerzen, begleitet von bitteren Tränen, dann auch tat.

Dies war gegen fünf Uhr nachmittags. Am nächsten Morgen, als ich – noch etwas schläfrig wie meist um diese Zeit – in den Seminarraum kam, begegnete ich wiederum Karin und sah, dass sie schon wieder weinte. Da ich mir nicht vorstellen konnte, dass diese Tränen noch mit dem Erlebnis des Vortages in Zusammenhang gebracht werden konnten, fragte ich sie besorgt, was sie denn nun quälen würde. Sie sagte: »Nichts, ich bin nur überglücklich. Schau!« Dabei streckte sie mir beide Arme entgegen, und plötzlich lief mir ein wahrer Kälteschauer über den Rücken, denn von den Schuppenflechten, die sie seit über zehn Jahren permanent plagten, war nichts, absolut gar nichts mehr zu sehen. Sie waren wie weggezaubert.

Ihr Problem war gelöst

Nun wussten wir auch, warum ihr bisher kein Arzt helfen konnte, denn diese Schuppenflechten waren aller Wahrscheinlichkeit nach die Reaktion des Körpers auf

das Kindheitserlebnis der Vergewaltigung durch den Stiefvater. Erst dadurch, dass sie im Seminar dieses Ereignis nochmals geistig durchlebte, löste sie die Wurzeln ihrer Krankheit – und damit auch die Krankheit als solche – auf.
Ihr Problem war gelöst. Durch das Auflösen von Ursachen und durch das wiederholte, bewusste Wiedererleben einer solchen Szene (aber bitte nur unter entsprechender therapeutischer Aufsicht!) kann man viele Symptome geistig-seelischen Ursprungs auflösen, und auf diese Art und Weise verschwindet dann auch die körperliche Wirkung. So einfach ist das. Auch Karins Arzt, dem sie einige Tage später dann ganz stolz ihre gesunden Arme zeigte, teilte unsere Meinung diesbezüglich und gratulierte ihr herzlich zur Heilung.
Nicht wir, weder meine Therapeutin Monika noch ich, waren für diese Heilung verantwortlich. Karin Schulz ganz allein hatte sich selbst geheilt. Das Ganze ist aber weder mystisch noch ein Wunder; es ist lediglich die praktische Anwendung der Gesetze des Geistes im täglichen Leben. Solche Ereignisse sind aber auch für mich immer wieder Erlebnisse, die mich bis ins Mark durchrütteln, denn bei allem Wissen um die geistigen Gesetze ist es immer wieder faszinierend, bei so einer Art »Wunder« dabei sein zu dürfen.

Ein Besuch in Sachsen

Wie sehr werden wir doch alle von Meinungen und Vorurteilen geprägt, die sich im Laufe unseres Lebens bei uns eingenistet haben. Hierzu ein ganz prägnantes Beispiel. Im Jahr 1991, zwei Jahre nach dem Fall der innerdeutschen Grenze, lernte ich auf der griechischen Sonneninsel Santorin ein Ehepaar aus der Nähe von Chemnitz kennen. Wir verbrachten einige amüsante Stunden zusammen und tauschten am Ende des Urlaubs natürlich auch unsere Adressen. Ich selbst kannte die ehemalige DDR nur aus Erzählungen anderer, dem Fernsehen oder aus Zeitungsberichten. So fuhr ich also wenige Wochen nach der Rückkehr aus dem Urlaub nach Sachsen, um meine neuen Freunde im Erzgebirge zu besuchen. Ich wurde sehr herzlich empfangen und gleich zum Kaffeetisch gebeten. Da ich kein großer Kaffeetrinker bin, fragte ich die Dame des Hauses, ob ich nicht eine Tasse Tee haben könnte. »Selbstverständlich«, sagte sie und begab sich sofort in die Küche, um mir schwarzen Tee zu kochen. Ich tat wie gewohnt einen Löffel Zucker hinein und griff auch bei Gebäck und Kuchen kräftig zu, denn die lange Autofahrt hatte mich hungrig gemacht. Als ich dann den ersten Schluck Tee zu mir nahm, war ich leicht konsterniert, denn er schmeckte einfach scheußlich. Wäre ich in Hamburg oder München gewesen, so hätte ich sofort auf diesen Umstand hingewiesen, aber ich war in der ehemaligen DDR, und »*man*« wusste ja, dass »*man*« da schon mal etwas vorgesetzt bekam, was unserem westlichen Standard nicht so ganz entsprach.

Herrn Honeckers Teeplantagen

Diese Informationen waren also seit vielen Jahren in meinem Bewusstsein gespeichert. Meine Intelligenz signalisierte mir aber nicht, dass erstens Herr Honecker wohl kaum mit der Aufzucht von Schwarztee erfolgreich gewesen sein konnte und dass zweitens seine Zeit als Staatschef schon fast zwei Jahre abgelaufen war und somit die Lebensmittel aus dieser Zeit kaum mehr in Gebrauch sein konnten.

Also schlürfte ich wortlos meinen scheußlich schmeckenden Tee, und als ich von meiner Freundin Annelore auf eine weitere Tasse angesprochen wurde, wagte ich immer noch nicht, auf seinen seltsamen Geschmack hinzuweisen.

Gerade, als ich dann wieder nach der Zuckerdose greifen wollte, in der Absicht, den Geschmack mit zwei anstatt nur einem Löffel Zucker vielleicht positiv beeinflussen zu können, stoppte mich der Sohn des Hauses dabei mit dem Hinweis, dass ich gerade die Salzdose in der Hand halten würde; die Zuckerdose stehe links davon. Etwas irritiert griff ich zum Zucker, nahm mir einen Löffel davon, rührte um und versuchte erneut den Tee. Natürlich schmeckte er ausgezeichnet! Plötzlich wurde ich mir meiner unaussprechlichen Dämlichkeit völlig bewusst und sagte laut vor mich hin: »Grüß Gott, Frau Vorurteil!« Dann erzählte ich alles meinen Gastgebern, die mich wegen dieses Satzes zunächst natürlich ganz verwundert ansahen, und alle mussten natürlich schallend lachen, nachdem ich ihnen von meinen in den vergangenen vierzig Jahren aufgebauten Vorurteilen erzählte.

Vorurteile hemmen uns sehr oft in unserem Leben, weil wir eine Situation oder ein Geschehen nicht objektiv sehen, sondern durch die Brille unserer in der Vergangenheit gespeicherten Informationen. So schätzen wir manchmal Menschen und Geschehnisse falsch ein, und nicht selten merken wir erst, wenn es zu spät ist, was wir uns oder anderen damit angetan beziehungsweise unterstellt haben. Nicht in allen Fällen löst sich aber eine solche Situation dadurch auf, dass alle in der Regel herzlich darüber lachen können.

Die Natur wehrt sich

Ein amerikanischer Autor gab seinem Buch einst den Titel »Eine Idee, deren Zeit gekommen ist«. Wie recht er damit hatte! Auch wenn ich inhaltlich nicht mit allem einverstanden bin, was er schrieb. Aber wenn wir nicht alle lernen umzudenken, werden wir die Natur langfristig geradezu dazu zwingen, sich gegen uns Menschen und unseren Raubbau an ihr zu verteidigen. Allerdings werden wir dann die Hauptleidtragenden sein. Denken Sie doch einmal darüber nach, wie die Natur sich schützen könnte. Sie wird mit Bestimmtheit, wenn ihr die Belastungen, die wir ihr zumuten, immer unerträglicher werden, uns Menschen einfach – wie man so schön sagt – entsorgen. Die immer häufigeren und schwer wiegenderen Naturkatastrophen überall auf der Welt sind doch nur die Vorboten einer solchen Entwicklung. Sobald sich die Natur aber dann des Menschen entledigt hat, wird sie sich in Ruhe einige Millionen Jahre Zeit nehmen, um beispielsweise die Regenwälder aufzuforsten oder die Atmosphäre vom Schmutz unserer so genannten Zivilisation wieder zu reinigen. Irgendwann wird die Natur es in ihrer bemerkenswerten Gelassenheit sicher auch wieder zulassen, dass neues Leben, wie einst die Amphibien aus dem Meer, die Erde wieder besiedelt und dass sich daraus vielleicht auch wieder ein neuer Mensch entwickelt. Die Natur wird sich eines Tages so oder ähnlich gegen uns wehren müssen, und deshalb sollten wir uns sehr schnell Gedanken darüber machen, wie wir den momentanen, geradezu vorprogrammier-

ten Niedergang unseres Planeten doch noch stoppen beziehungsweise umkehren können.
Nun werden Sie sicher fragen, was dies mit konstruktivem Denken zu tun hat. Sehr viel sogar, denn wenn wir wieder lernen, der unendlichen Intelligenz in uns mehr zuzuhören, so werden wir Ideen und Lösungen erhalten, die uns aus diesem Teufelskreis auch wieder herausführen können, für den wir alle selbst mitverantwortlich sind. Es gibt beispielsweise mit Sicherheit eine ganze Menge alternativer Beförderungs- oder Antriebsmittel zum Auto beziehungsweise zum Benzin, nur: Entweder können wir uns diese noch nicht vorstellen (was in diesem Fall allerdings ausscheidet), oder wir nutzen sie noch nicht, weil die Interessen der Multis wie Auto-, Rüstungs- oder Ölindustrie dadurch nicht gewahrt bleiben. Gehen Sie ruhig einmal davon aus, dass, wenn nur zwanzig Prozent der Bevölkerung das konstruktive Denken anwenden und täglich eine halbe Stunde dafür verwenden würden, eine Antwort aus dem Unterbewusstsein zu erbitten, wir unsere Umweltprobleme mit Sicherheit lösen könnten.

Zunächst ist es noch Utopie

Dies alles ist im Moment leider noch Utopie, aber je mehr Menschen umdenken lernen, desto mehr Chancen haben wir alle zu überleben. Aus diesem Grund sollten wir auch unsere Kinder möglichst früh mit diesem positiv-konstruktiven Denken vertraut machen; dadurch können wir ihnen nämlich schon heute sehr viele Steine aus dem Weg räumen. Wenn ich sage, wir sollen unsere Kinder miteinbeziehen, so hat das sicherlich nichts damit zu tun, dass wir die Kinder zu Meditation oder ähnlichem zwingen, wie dies im Herbst 1994, über die Nachrichten verbreitet, von einem indischen Guru angeblich praktiziert wurde. Beginnen Sie einfach damit, Ihre Kinder zehn Minuten täglich vor Ihrem eigenen geistigen Auge vital, glücklich und erfolgreich in der Schule zu sehen. Bringen Sie ihnen bei, wie man lernt, den Erfolg, den man anstrebt, geistig vor dem inneren Auge als bereits real vorwegzusehen und ihn so freudig zu durchleben, als wäre er schon Wirklichkeit. Lehren Sie Ihr Kind, wie man sich Wünsche und Ziele ausmalt, sie hegt und pflegt, wie man visualisiert und wissenschaftlich betet. Beginnen Sie damit schon im Säuglingsalter und kommen Sie völlig weg von Aussagen wie: »Das kannst du nicht!«, »Das wirst du nie lernen!«, »Aus dir wird nie etwas werden!«

Etwas Dümmeres können Sie gar nicht tun, denn damit festigen Sie in Ihrem Kind Negativität und späteres Versagen – und genau das wollen Sie doch mit Sicherheit nicht.

Die Macht der Suggestion ist gewaltig; wenn Sie beispielsweise daran denken, dass das Unterbewusstsein, wie eingangs bereits erwähnt, mit einer Schallplatte oder Diskette verglichen werden kann, dann verstehen Sie, dass es sehr wichtig ist, welche Programme Ihr Kind vom ersten Tag an speichert, und dass es an Ihnen liegt, es mit den richtigen Vorstellungen zu versorgen. Ein kluger Mann sagte einmal: »Die Kinder gehören uns nicht, sie kommen nur durch uns!« Aus diesem Grund sollten wir unseren Kindern möglichst bald beibringen, selbstständig und konstruktiv zu denken, damit sie sich und ihre Talente besser entfalten können. Eltern, die ihrem Kind beibringen, positiv zu bejahen und zu imaginieren, handeln sehr verantwortungsvoll, denn sie helfen ihren

Sprösslingen Schritt für Schritt dabei, selbstständiger zu werden, Wünsche besser verwirklichen zu können, und sie unterstützen sie dabei, später einmal ein erfüllteres und erfolgreicheres Leben führen zu können.

Der verantwortliche Umgang mit unseren Kindern

Unsere Kinder sind uns gegeben, damit wir ihnen in der Jugend die richtigen Wege weisen und sie auf ein selbstständiges Leben vorbereiten, und nicht dazu, dass wir von ihnen das verlangen, was wir selbst aus Dummheit, Faulheit oder mangelnder Bildung nicht zustande gebracht haben. Wie viele Eltern sehen in ihrem Kind aber leider oft nur den Erben, der – ob er will oder nicht – eines Tages einmal das elterliche Geschäft übernehmen soll. Vielleicht hat aber dieses Kind ganz andere Talente und Fähigkeiten, die es gerne hervorbringen und ausbilden möchte; vielleicht denken Sie auch darüber einmal nach.

4. Kapitel

Die ganze Welt besteht nur aus Energie

- Arbeit mit Energien
- Vorsicht bitte!
- Ein Beispiel aus dem Sport
- Wie sieht unsere heutige Welt aus?
- Mikrokosmos und Makrokosmos
- Gedanken in Form gießen
- Was die Kirche uns verschweigt
- Reinkarnation
- Das Konzil von Nicäa
- Der Natur ihren Lauf lassen
- Wir sind die Meister unseres Lebens

Arbeit mit Energien

Eines der wichtigsten Naturgesetze lautet: »Alles, was du aussendest, kehrt auch wieder verstärkt zu dir zurück.«

Jeder Gedanke, jedes Wort, das wir aussprechen, jedes Gefühl, das wir empfinden, jede Handlung, die wir begehen, alles ist in Wirklichkeit Energiearbeit. Die Energien des Universums fließen über unser Scheitelchakra, unser oberstes Energiezentrum, in uns ein, werden von uns durch Worte, Gefühle, Empfindungen, und Handlungen sozusagen beeigenschaftet, befruchtet oder aufgeladen und treten danach durch das Herzchakra wieder aus, um das, was wir ihnen sozusagen »aufgesattelt« haben und mit auf den Weg gaben, für uns zu verwirklichen. Wenn die Energie in uns einströmt, ist sie zunächst völlig neutral, ähnlich wie beim elektrischen Strom. Um einen einfachen Vergleich heranzuziehen: Auch Strom ist ursprünglich völlig neutral, Sie können mit ihm einerseits ein Ei braten oder Ihre Wohnung heizen; Sie können aber andererseits auch einem Menschen damit wehtun oder ihn sogar töten, beispielsweise auf dem elektrischen Stuhl. Aber ist deshalb der elektrische Strom etwas Gutes oder Schlechtes? Er *ist* einfach; wie wir ihn nutzen, das entscheiden wir alle selbst, und wir müssen deshalb auch die Verantwortung dafür übernehmen. Ebenso verhält es sich mit der kosmischen Energie. Es ist unsere Aufgabe, uns die Energie zunutze zu machen, so wie der Schlossherr sich seinen treuen Diener, oder aber sie zu unserem Zuchtmeister zu erklären, indem wir sie negativ beeigenschaften. Es liegt also in unserer Hand, zu entscheiden, was wir damit tun.

Wir haben ja bereits festgestellt: Alles, was wir tun in unserem Leben, alles, was wir also aussenden, kommt nach dem Gesetz von Ursache und Wirkung irgendwann wieder mehrfach verstärkt und aufgeladen zu uns zurück. Die Energie selbst fragt nicht, ob sie uns Gutes, Förderliches oder aber Unannehmlichkeiten und Schmerz bringt – das ist auch nicht ihre Aufgabe. Nein, sie verwirklicht, aus, basta. Wenn Sie sich dafür entscheiden, Fliegenpilze zu essen und deshalb sterben, dann ist das allein Ihre Schuld, sofern Sie über die Giftigkeit von Fliegenpilzen Bescheid wussten. Nun wissen Sie Bescheid darüber, wie Energien zu handhaben sind. Ob Sie sie allerdings falsch oder richtig anwenden, das ist ab jetzt ebenfalls Ihr Problem.
Wenn Sie diese letzten paar Sätze, die Sie gerade gelesen haben, wirklich in ihrer ganzen Tragweite erfasst und verstanden haben und wenn Sie sich ab sofort auch danach richten, dann wird sich in ganz wenigen Monaten schon Ihr gesamtes Leben grundlegend zum Positiven verändern.

Vorsicht bitte!

Dazu ein kleines Beispiel. Angenommen, Sie manipulieren eine Situation oder eine Begebenheit, um für sich selbst irgendeinen Vorteil herauszuschlagen, indem Sie ganz bewusst Dinge verdrehen oder verfälschen. Zwar ist es durchaus möglich, dass Sie damit kurzfristig Erfolg haben; auch kann es sein, dass Ihr Gegenüber, den Sie gerade »geleimt« haben, sein ganzes Leben lang nichts davon merkt. Aber Sie haben dadurch unverrückbar einen Energiefluss mit Betrug ausgestattet, und dieser muss zwangsläufig irgendwann wieder verstärkt auf Sie zurückfallen und dafür sorgen, dass nun Ihnen wiederum – durch wen auch immer – ebenfalls etwas weggenommen oder ein anderer Schaden zugefügt wird. Achten Sie deshalb bitte ganz verstärkt auf Ihre Worte und Gedanken, bedenken Sie, dass Betrugsenergie, sobald sie Ihren Körper sozusagen wieder verlassen hat, sich zwangsläufig aufladen, verstärken und vervielfältigen muss, so dass der Bumerang, der eines schönen Tages zu Ihnen zurückkommt, meist wesentlich mehr in Ihrem Leben anrichtet als Sie dies damals taten, als Sie ihn negativ beeigenschafteten und aussandten.

Ein Beispiel aus dem Sport

Ich amüsiere mich immer wieder, wenn ich mir am Samstagnachmittag die Spiele der Fußball-Bundesliga ansehe. Dort werden Verletzungen markiert, Elfmeter geschunden, hinter dem Rücken der Schiedsrichter getreten, gehalten, der Gegner an den Genitalien gezogen und danach behauptet: »Ich habe niemanden berührt«, obwohl meist sogar die Fernsehbilder klar und deutlich die vorhandene Absicht, Foulspielen zu wollen, belegen. Oft erlebt ein solcher Spieler dieselbe Ungerechtigkeit, die er zuvor bewusst an seinem Gegner begangen hat, zwei, drei oder mehr Wochen später am eigenen Leib und fühlt sich dann natürlich furchtbar benachteiligt.
Szenen wie die, als Jürgen Klinsmann, der damals noch beim VfB Stuttgart spielte, sich schützend vor Norbert Nachtweih (damals FC Bayern München) stellte und zum Schiedsrichter, der Nachtweih gerade wegen Foulspiels an Klinsmann die rote Karte zeigen wollte, sagte: »Herr

Schiedsrichter, es war kein Foul, er hat wirklich nur den Ball gespielt« und auf diese Art verhinderte, dass der FC Bayern einen Spieler verlor, sind heute ganz selten geworden. Genauer gesagt, ich habe Ähnliches erst knapp zehn Jahre später, am 10. 6. 1995, wieder einmal erlebt, als Stefan Böger vom MSV Duisburg sogar im Abstiegskampf Matthias Sammer von Borussia Dortmund vor einer gelben Karte bewahrte. Viele Fans fragten sich in diesem Moment in Unkenntnis der geistigen Gesetze, ob es nicht besser gewesen wäre, Klinsmann hätte den Mund gehalten, weil der VfB Stuttgart dann größere Siegeschancen gehabt hätte. Ich möchte allerdings Jürgen Klinsmann, den ich persönlich immer für einen sehr vorbildlichen Sportler hielt, mittels dieses Beispiels nicht zum Heiligen hochstilisieren, auch er hat des Öfteren versucht, mit ausgebreiteten »Flügelchen« im Strafraum des Gegners Schwalben im Tiefflug zu kopieren. Trotzdem halte ich ihn heute noch für einen der intelligentesten und fairsten Spieler, den der deutsche Fußball in den letzten Jahrzehnten hervorgebracht hat.

Wer das Gesetz von Ursache und Wirkung im Zusammenhang mit dem kosmischen Energiekreislauf einmal begriffen hat, der wird sehr schnell damit beginnen, wie ein »Schießhund« auf seine Gedanken aufzupassen, und immer mehr darauf achten, diese unvermeidlichen Kettenreaktionen durch positiv und konstruktiv aufbauende Gedanken zu beeinflussen. Ganz schaffen werden wir das alle wohl in diesem Leben nicht, aber eine Reduzierung von mehr als fünfzig Prozent unserer schlechten Erfahrungen, Verletzungen und Negativsituationen ist jedem normal denkenden Menschen durch tägliche Gedankenkontrolle und konstruktives Denken ohne weiteres möglich. Das Wichtigste dabei ist, zu verstehen, dass wir diese Gesetzmäßigkeit auch nicht eine einzige millionstel Sekunde außer Kraft setzen, geschweige denn hintergehen können.

Wie sieht unsere heutige Welt aus?

Schauen Sie sich unsere heutige Welt einmal an und stellen Sie sich dann einmal folgende Frage: Wie soll sie sich denn verändern, wenn der einzelne Mensch (also beispielsweise Sie) nicht irgendwann einmal damit beginnt, sich selbst zu verändern? Alle Kriege, Naturkatastrophen, Überschwemmungen, Erdbeben und vieles andere mehr sind im Endeffekt nämlich nichts anderes, als dass es wieder einmal einen Korken mit einem kräftigen Rums aus einer mit Negativitäten bis zum Bersten gefüllten Flasche herausschleudert. Wer diese Zusammenhänge vorschnell leugnet oder verwirft, hat die allergrößten Chancen, in sein Leben Ordnung, Harmonie, Wohlstand, Gesundheit und Glück zu integrieren, bereits zum vielleicht x-ten Mal verpasst. Merken Sie sich bitte eines: Die Masse irrt immer! Sie irrt deshalb, weil sie an Unglücke, Zufälle, Glück, Pech u.v.a.m. glaubt. Es gibt nun mal nichts anderes als Ursache und Wirkung, aber um diese Gesetzmäßigkeiten den Menschen klar machen zu können, müssten sie zuerst einmal unsere Politiker und vor allem die Medien verstehen lernen.

Auch hier gilt wie so oft: Glauben müssen Sie mir das alles nicht, aber das Ausprobieren wird Ihnen die Tomaten geradezu von den Augäpfeln katapultieren. Wie sagte schon Leonardo da Vinci so treffend – und wie Sie selbst wissen, war das bestimmt kein Dummer: »Der Mensch ist das Modell der Welt.«

Mikrokosmos und Makrokosmos

Der Mensch ist nun einmal ein Mikrokosmos im Makrokosmos. Wir alle sind aus dem gleichen Stoff gemacht, nämlich aus dem Geist, denn wie Sie inzwischen wissen, ist Materie immer nur eine beeigenschaftete Zustandsform von Energie. Nur, was ist eigentlich Geist, oder was ist Bewusstsein? Wir bedienen uns dieser Ausdrücke ständig, und doch wissen wir in Wirklichkeit nicht, wovon wir eigentlich reden. Kein lebender Mensch weiß genau, was Geist und was Bewusstsein ist. Wir wissen zwar eine ganze Menge über unsere Gehirnfunktionen, über Verstand und Bewusstsein; wir wissen auch, dass wir sowohl das eine als auch das andere ständig benutzen, aber was beides tatsächlich an Möglichkeiten für uns Menschen beinhaltet, das können die meisten nicht einmal erahnen.

Es ist ähnlich wie bei dem berühmten Eisberg. Ein Achtel an der Wasseroberfläche ist sichtbar und kommt uns riesig und gewaltig vor; aber die darunter liegenden sieben Achtel sind nur dann wahrzunehmen, wenn wir uns die Mühe machen, den Kopf unter Wasser zu stecken – und selbst dann können wir das Ausmaß an Größe nicht einmal annähernd überblicken. Auch ein jeder unserer Gedanken hat ein in Wirklichkeit riesiges Energiepotenzial. Dieses Potenzial ist so groß und mächtig, dass es jederzeit in der Lage ist, Fleisch zu werden, das heißt, sich selbst zu manifestieren, zu verwirklichen. Jeder Gedanke ist also immer und ohne Ausnahme in der Lage, sich selbst zu materialisieren. Insofern ist doch auch die Aussage, dass ein Gedanke nichts anderes als ein geistiger Same ist, absolut verständlich, oder? Genau weil aber jeder Same eine solche immense Kraft hat, muss es unsere vordringlichste Aufgabe sein, Gedanken und Gefühle zu kontrollieren und in für uns förderliche Manifestationsformen zu gießen.

Gedanken in Form gießen

Wenn Sie Ihr vergangenes Denken einmal kennen lernen wollen, so müssen Sie sich nur Ihre gegenwärtigen Lebensumstände ansehen; wenn Sie andererseits etwas über Ihr zukünftiges Leben wissen wollen, dann sehen Sie sich Ihr gegenwärtiges Denken und Handeln an. Was säen Sie gerade jetzt in diesem Augenblick gedanklich in den fruchtbaren Boden Ihres Unterbewusstseins ein: Disteln oder Rosen? Wenn Sie bereit sind, sich selbst gegenüber ehrlich zu sein, dann könnten Sie diese Pflanzaktion gleich jetzt noch korrigieren. Dr. Murphy sagte einmal sehr richtig: »Deine Zukunft ist dein heutiges Denken, erwachsen geworden!« Wenn wir mit uns und unseren Gedanken genauso sorgsam umgehen würden wie mit unserem Salatbeet hinter dem Haus, dann würde das Leben der großen Mehrheit von uns wesentlich reicher, gesünder, friedvoller und schöner verlaufen. Bauen Sie um Ihre Gedanken doch auch ein Gatter mit einem Drahtzaun wie um Ihr Salatbeet, um Ihre innigsten Wünsche und Ziele vor der »Schneckenplage«, der Negativität, zu schützen. Das Leben wird Sie reichlich dafür belohnen; es kommt eben nur darauf an, die Zusammenhänge folgerichtig zu erkennen. Das allein ist schon die halbe Miete, und deshalb beginnen Sie am besten noch heute, an sich und mit sich zu arbeiten – nicht, dass es Ihnen im übertragenen Sinne einmal so geht wie einem Vater, der von seinem kleinen Sohn gefragt wird: »Vati, was ist eigentlich Erotik?« Dieser antwortet darauf: »Frag nicht so dumm, ich habe elf Kinder zu ernähren, soll ich mich da auch noch um Fremdwörter kümmern?« Die Unkenntnis der Gesetze schützt uns leider nicht vor den Folgen; dies gilt nicht nur für das Gesetz von Ursache und Wirkung, sondern für alle Natur- und Menschheitsgesetze. Ich kann auch nicht einen Kirschbaum pflanzen wollen, mangels vorhandenem Kirschkern einen Pfirsichkern in die Erde geben und trotzdem eines Tages Kirschen ernten. Wer andere Ursachen setzt, wird auch andere Wirkungen erhalten!

Was die Kirche uns verschweigt

Es existiert also nur ein einziges Leben, eine einzige Energie, eine einzige Intelligenz, und zwar hinter allem und jedem, was lebt. Diese Intelligenz heißt: Gott. Gott wirkt in allem, durch alles, er ist alles, in allem. Wir alle müssen lernen, mit dieser immensen, unaussprechlich gewaltigen Intelligenz und Liebe, die das ganze Universum lenkt, leitet und bewegt, zu kooperieren, um somit mehr und mehr auch Gottes Führung in uns selbst zu erkennen und zu begreifen. Nur dann verstehen wir auch völlig unmissverständlich, dass es nur ein einziges Gesetz, eine einzige All-Energie, eine einzige Ursubstanz gibt, aus der wir alle und die gesamte restliche Natur ständig schöpfen.
Nun, was meinen eigentlich die Menschen, wenn sie von Gott sprechen? Was beinhaltet diese Bezeichnung, die für viele ein Reizwort, für andere hingegen das Nonplusultra, also das Leben an sich, ist? Zunächst einmal sollten wir mit dem furchtbaren Blödsinn aufhören, in

Gott einen zürnenden, alten Mann mit weißem Bart zu sehen, der auf einer Wolke thront und darauf aus ist, uns Menschen zu züchtigen. Diesen strafenden Gott, der sich ständig überlegt, wie er die Menschen unterjochen und bestrafen könnte, den gibt es in Wirklichkeit nicht. Belohnung und Strafe hat er uns Menschen selbst übertragen, indem er uns die Wahl unserer Gedanken überließ und selbst nur die notwendige Energie liefert. Dieser Rachegott auf der Wolke, wie er gerne auf zeitgenössischen Darstellungen abgebildet wird, ist nämlich in Wirklichkeit nichts anderes als eine Erfindung derer, die seit Jahrtausenden schon versuchen, Macht über andere Menschen zu erlangen, um sie sich gefügig zu machen. Nur wenn man – wie dies auch die Kirche hier in Europa schon viele Jahrhunderte hinweg versucht hat – die Menschen gängelt, sie zu seinem eigenen Vorteil manipulieren und zu so genannter Gehorsamkeit erziehen will, kann man die geistigen Gesetze derart verfälscht auslegen. Die eigentliche Frage ist doch die: Wem gegenüber soll denn Gehorsam geübt werden? Der Interpretation der geistigen Gesetze durch diese Menschen oder der ursprünglichen, wahren und tiefen Bedeutung der ewig gültigen geistigen Gesetze, jenem unveränderbaren Naturgesetz also, welches von Anbeginn der Welt von einer unendlichen Intelligenz zum Wohle der Menschheit geschaffen worden ist?

Reinkarnation

Lassen Sie mich dazu ein Beispiel einflechten, das zu dieser Frage ausgezeichnet passt. Die Reinkarnation, also die Lehre von der Wiedergeburt des Menschen, wird ausnahmslos von allen heiligen Schriften der Welt gelehrt, ob Sie diese Lehre nun in der »Bhagavadgita«, den »Upanischaden«, den »Veden« oder auch im »Koran« suchen, ob dies in der buddhistischen Lehre, in der Religion der Hindus oder der Mohammedaner zu finden ist – alle Lehren und alle Bibeln der Welt sagen sinngemäß das Gleiche: Alles in der Natur ist ein ständiges Kommen und Gehen, und auch wir Menschen als Teil dieser Natur leben viele, viele Leben in vielen verschiedenen Epochen und Körpern, um zu wachsen, zu lernen und uns weiterzuentwickeln. Nur die Heilige Schrift des Christentums und ihre selbst ernannte Hauptinstitution, die Kirche, wollen davon nichts, aber auch gar nichts wissen. Dabei – und das sollten Sie bei dieser Gelegenheit einfach erfahren – war die Lehre von der Wiedergeburt auch in unserer Bibel einmal genauso fest verankert wie in allen anderen heiligen Schriften dieser Welt auch. Allerdings passte dies den Kirchenfürsten und Würdenträgern des Christentums überhaupt nicht ins Konzept. Wie sollte man sich denn die Menschen gefügig und unterwürfig machen, wenn man ihnen eigentlich hätte sagen müssen, dass sie Gotteskinder und damit selbst jederzeit in der Lage sind, all ihre einmal gemachten Fehler auszugleichen, umzuwandeln und vergessen machen zu können. Und dass es vor allem keine »strafende Instanz« gibt, die drohend über ihrem Haupte schwebt, sondern ganz im Gegenteil eine auf dieser Welt beispiellos verständnisvolle, liebevolle und stets verzeihende Intelligenz, Gott genannt, die jedem von uns auf dieser Welt nicht nur lediglich ein einziges Leben zur Verfügung stellt, sondern genau so viele Leben, wie diese jeweilige Seele braucht, um sich zu läutern, zu finden und sich entwickeln zu können. (Die gesamten Zusammenhänge können Sie, wenn Sie sich dafür interessieren sollten, ausführlicher in dem Buch von Brunhild Börner »Kray – Der geistige Weg zum Überleben«, siehe Literaturverzeichnis, nachlesen.)

Das Konzil von Nicäa

Allein aus diesem Grunde wurde letztendlich auch im Jahr 325 n. Chr. beim Konzil von Nicäa die Reinkarnationslehre offiziell aus der Bibel gestrichen, um 553 n. Chr. beim Konzil von Konstantinopel sogar endgültig zur Irrlehre erklärt zu werden. Sie können die Bibel übrigens längs oder quer, in alt- oder neudeutsch, in anderen Sprachen und Übersetzungen lesen, nirgendwo finden Sie auch nur einen einzigen Hinweis darauf, dass Jesus Christus jemandem anderen als dem »Vater« selbst Macht verlieh. Gott – und das zieht sich durch alle Bibeln der Welt – ist nicht nur unser Schöpfer, unser Vater; er ist auch das Leben schlechthin. Eine Energiequelle, die sowohl positiv als auch negativ angewandt werden kann. Positiv, wenn wir in unserem Geist aufbauende, lebensfördernde Gedanken und ebensolche geistige Bilder hegen und pflegen, und negativ, wenn wir uns mit Ängsten und Befürchtungen, also mit dem genauen Gegenteil, beschäftigen. Dahin, worauf wir unsere Aufmerksamkeit richten, dahin muss zwangsläufig unsere Lebenskraft fließen, denn alles, was ich in meinem Bewusstsein für wahr annehmen kann, das drängt automatisch auch in die Verwirklichung. Wir haben also die Wahl, wie wir leben und was wir für uns verwirklichen wollen. Wir ganz alleine erschaffen uns unsere Welt, unser eigenes persönliches Umfeld, eben durch unsere Überzeugungen von uns bzw. über uns selbst und unsere Einstellung anderen gegenüber. Kein weißhaariger, rachsüchtiger alter Mann mit Bart droht uns von einer Wolke herab mit Züchtigung, sondern eine feinstoffliche Intelligenz, die uns unser ganzes Leben lang liebevoll begleitet, steht uns jederzeit als Freund und »Verwirklichungs-Mechanismus« zur Seite.

Denken Sie in diesem Zusammenhang nun auch wieder einmal an die Natur, deren Teil wir als Menschen ja alle sind. Eine Pflanze wächst auch immer nur nach ihrer eigenen Art. Kein Mensch wird jemals erleben, dass er, wenn er Gurken pflanzt, eines Tages Rüben ernten wird. Im Samen der Gurke selbst ist nämlich die vollkommene Frucht mit allen, nur dieser Gurkensorte eigenen Eigenschaften enthalten, genauso wie auch den in einem vorigen Kapitel angesprochenen Bucheckern oder in der Eichel. Das Einzige, das Sie selbst zum Wachstum beispielsweise der Buchecker beitragen können, ist, mit dem Zeigefinger ein Loch in den weichen Waldboden zu drücken und es, nachdem Sie sie darin versenkt haben, wieder mit Erde aufzufüllen. Mehr können und brauchen Sie wirklich nicht zu tun, und auch, wenn Sie nicht da sind, macht dies die Natur von ganz allein. Einzig und allein der Zeit bleibt es nun vorbehalten, die Buchecker sich zu einem mächtigen, großen und starken Baum entwickeln zu lassen. Selbst ein zehnjähriges Kind würde Sie auslachen, wenn Sie alle paar Tage an diese Pflanzstelle zurückkehren würden, um nachzusehen, ob wirklich eine Buche und nicht doch vielleicht eine Tanne aus diesem Samen emporwächst. Ebenso verhält es sich bei Tieren. »Sehet die Vögel unter dem Himmel. Sie säen nicht, sie ernten nicht, und der himmlische Vater ernährt sie doch«, steht schon in der Bibel zu lesen. Nur dort, und ausschließlich nur dort, wo der

Mensch glaubt, in diese perfekte Ordnung des Pflanzen- und Tierreiches Gottes eingreifen zu müssen, beginnen auch prompt Zerstörung und Negativentwicklung. Gibt Ihnen dies nicht doch ein wenig zu denken? Wer wirklich logisch denken kann, der kann sich diesen Wahrheiten und Zusammenhängen doch einfach nicht entziehen, weil sie klarer gar nicht auf der Hand liegen können.

Der Natur ihren Lauf lassen

Wenn man der Natur aber ihren Lauf lässt, wird sie selbst niemals Missklänge, Negativitäten und Zerstörung hervorbringen können. Der Mensch, die so genannte Krone der Schöpfung – wie zu lesen steht –, hat aber eine einzige Komponente mehr mitbekommen als Tiere und Pflanzen, und zwar seinen Verstand, sein Bewusstsein, um aus und durch Fehler zu lernen. Er kann sein Bewusstsein durch Erfahrung und Lernprozesse ständig erweitern, um sich und die Welt, die ihm ja auch nur auf Zeit anvertraut ist, weiterzuentwickeln.

Es ist der Evolution im Grunde genommen egal, ob wir uns und unsere Umwelt zuzeiten selbst zerstören. Sie wartet einfach so lange, bis wir uns durch unsere Hab- und Machtgier, durch Hass und Missgunst und durch den Raubbau an der Natur selbst geschwächt haben, um uns, wie bereits zuvor schon erwähnt, dann mittels Kriegen, Naturkatastrophen und anderen Dingen, die wir letztendlich alle durch unsere eigene Gedankenenergie selbst verursachen, einfach wieder einmal für ein paar Millionen Jahre »auszuschalten«.

So weit muss es aber nicht unbedingt kommen; wenn

jeder Einzelne von uns nämlich anfängt zu begreifen, dass wir den Problemen unserer Zeit langfristig nur dann wirksam begegnen können, wenn wir bei uns selbst mit dem Aufräumen und der Aufbauarbeit beginnen. Dies können wir durch Meditation, Kontemplation, Affirmation und Imagination tun, denn mittels dieser Techniken kehren wir immer wieder zu Gott und damit zu unseren ursprünglichen Wurzeln zurück. Wir sollten uns deshalb wirklich einmal fragen, ob es sich nicht doch lohnt, die Dinge einmal ganz bewusst neu zu überdenken, zumal bei solch erfreulichen Perspektiven.

Wir sind die Meister unseres Lebens

Gott gab uns aber nicht nur das Leben als solches, sondern auch die Fähigkeit, es immer und jederzeit auch zu meistern. Die beiden Instrumente Bewusstsein und Unterbewusstsein hat er uns geschenkt, damit wir ein schöneres, glücklicheres und erfolgreicheres Leben führen können. Er hat uns aber auch die Möglichkeit gelassen, das Gegenteil davon erfahren zu können. Wir haben nun also die Wahl, und je mehr wir uns unserem »Vater«, der uns alle geschaffen hat – und nicht nur Jesus Christus, was dieser auch immer wieder betonte –, wieder widmen, desto klarer werden uns diese Zusammenhänge. Dies können wir dadurch tun, dass wir uns von alten Klischees, Dogmen und falschen Lehren lösen, denn dadurch öffnen wir jene Tür, hinter der wir dann mehr und mehr von unserem wirklichen und wahren Selbst erkennen können. Noch vor zwanzig Jahren hatte ich von all diesen Zusammenhängen selbst keine Ahnung, aber dies hat mich nicht davon abgehalten, das damals Gelesene zuerst selbst auszuprobieren, bevor ich es mit einem ungläubigen Kopfschütteln vorschnell verwarf. Sehr schnell stellte ich dann aber auch fest, dass an dem allem eine ganze Menge dran sein musste, und deshalb machte ich auch immer ganz konsequent weiter, und heute weiß auch ich vieles noch nicht, aber ich habe ja auch noch viele, viele Jahre Zeit, es herauszufinden. Nur dem nämlich, der nach Wissen strebt, wird es sich auch offenbaren.

5. Kapitel

Übernehmen Sie die Verantwortung

- Eifersucht
- Rätselhafte Krankheit
- Reißen Sie die Wurzeln Ihrer Ängste aus
- Investieren Sie in Ihr Wohlergehen
- Die Angst holte ihn ein
- Kluge Sprüche
- Zum Mitschreiben geeignet
- Was fehlt jetzt noch, damit Sie überzeugt sind?
- Programme bestimmen unser Leben
- Sie müssen schon etwas tun!
- Die Schuld bei sich selbst suchen

Eifersucht

Als ich mit 21 Jahren wieder einmal verliebt war, wollte ich meine damalige Freundin weder alleine in die Disco noch auf die Eisbahn oder ins Kino, geschweige denn sogar zu einer Party gehen lassen. Wenn ich dann notgedrungen aber nicht anders konnte, als einem solchen Vorhaben ihrerseits zuzustimmen, weil sie mir schlicht damit drohte, ansonsten Schluss mit mir zu machen, litt ich jedes Mal Höllenqualen, bis sie sich wieder bei mir »zurückmeldete«. Ich war damals rasend eifersüchtig, und Eifersucht ist ja bekanntlich eine Leidenschaft, die mit Eifer sucht, was Leiden schafft.
In meiner Dummheit malte ich mir damals die für mich negativsten Situationen aus, nicht wissend, dass ich damit genau das auf den Plan rief, wovor ich Angst hatte. Wenn ich wusste, dass sie beispielsweise mit ihrer Freundin ins Eisstadion zum Schlittschuhlaufen ging, dann sah ich sie im Geiste bereits Arm in Arm mit einem anderen Mann spazieren gehen. Es kam auch schon bald so, wie es kommen musste. An einem Samstagnachmittag war sie bei ihrer Freundin zur Geburtstagsfeier eingeladen, und wir beide hatten vereinbart, dass sie sich melden würde, sobald sie wieder zu Hause sei. Als sie gegen 20 Uhr immer noch nicht angerufen hatte, schlichen sich bei mir schon wieder die ersten »Horrorbilder« ein, und als sie mich dann kurz vor 22 Uhr endlich anrief, beschimpfte ich sie und unterstellte ihr all das, was sich in meiner Eifersuchtsphantasie in den letzten Stunden abgespielt hatte. Sie dagegen hatte an diesem Abend mit drei weiteren Freundinnen Geburtstag gefeiert und freute sich nun auf ein liebevolles Telefonat mit

mir. Als ich sie allerdings derart unqualifiziert anpöbelte, hatte sie endgültig die Nase voll von mir und löste unser Verhältnis kurz entschlossen am selben Abend noch auf. Eifersucht geht immer mit negativen Gedankenbildern einher, und deshalb darf sich niemand wundern, wenn sich die Ereignisse für ihn zum Nachteil entwickeln. Eifersucht hat aber ursächlich auch immer etwas mit Angst vor Verlusten zu tun, und deshalb will ich Ihnen nun etwas über Ängste – und wie man sie wieder loswerden kann – erzählen.

Rätselhafte Krankheit

Ein japanischer Ingenieur war bei Freunden eingeladen. Zur Reistafel mit rohem Fisch gab es warmen Reiswein in kleinen Glasschalen. Der Gast aß und trank mit Vergnügen, bis er in seinem Glas plötzlich einen kleinen Wurm bemerkte, der sich hin- und herschlängelte. In Japan ist Höflichkeit aber oberstes Gebot. Ein Gast darf es sich nicht anmerken lassen, wenn ihm etwas gegen den Strich geht. Irgendein triftiger Grund fiel unserem Ingenieur dann aber doch ein, um vor Beendigung der Party gehen zu können. Das Glas mit dem restlichen Reiswein ließ er stehen. Kurz darauf erkrankte er an den Eingeweiden; eine genaue Diagnose gelang keinem Arzt. Er konnte kaum mehr etwas zu sich nehmen, wurde weniger und weniger und schob die Ursache seines Leidens dem Wurm im Reiswein zu, der möglicherweise das Getränk vergiftet hatte.
Der Freund, bei dem er damals eingeladen war, besuchte ihn, und es ergab sich, dass der Kranke schließlich doch vom Wurm im Reiswein erzählte. Daraufhin lud

der Freund ihn ein, doch dringend zu ihm in sein Haus zu kommen. Trotz seiner Schwäche müsse er ihn unbedingt besuchen. Er ließ den Kranken, nachdem dieser ihn einige Tage später dann besuchte, an derselben Stelle Platz nehmen, an der er bei der Einladung gesessen hatte. Eine Schale Reiswein stand auch schon da. Dann zeigte er dem Patienten ein Ornament an der Decke des Speisezimmers, das im Wein die täuschende Spiegelung eines Wurmes verursachte! Tags darauf war der Kranke fast wieder gesund.

Reißen Sie die Wurzeln Ihrer Ängste aus

Angst, meine lieben Leser, ist das erste, was Sie ausmerzen, ja geradezu »wegbrennen« müssen aus Ihrem Unterbewusstsein. Angst ist inzwischen die Modekrankheit Nummer eins geworden: Angst vor Arbeitslosigkeit, tödlichen Krankheiten, Unfällen, Einbrüchen, Vergewaltigung und Überfällen, um nur einige wenige Beispiele zu nennen. Ängste aller Art gehen in unserem Lande zwischenzeitlich wie eine Seuche um. Die Medien werden uns diese Ängste nicht nehmen können, denn sie leben schließlich zu einem Großteil davon, dass wir sie haben.

Ich hatte Ihnen einige Kapitel zuvor schon geraten, dass Sie, wenn Sie ein Problem haben, es loslassen und sich stattdessen mit der Lösung auseinander setzen sollen; ähnlich ist es auch mit der Angst. Ängste können nur dort auftreten, wo ein Defizit an Selbstvertrauen oder Gottvertrauen vorhanden ist. Wer aber das Gesetz von Ursache und Wirkung durch tägliche Anwendung studiert und begriffen hat, der weiß, dass Ängste in Wirklichkeit nur Schatten sind, und Schatten haben nun einmal keine Macht. Wer seine Ängste wirklich wirksam vertreiben will, der muss damit beginnen, sein Gottvertrauen zu stärken, dann wird er diesem Teufelskreis mit der Zeit sehr erfolgreich entkommen können.

Investieren Sie in Ihr Wohlergehen

Ein Teilnehmer, der regelmäßig jedes halbe Jahr in eines unserer Drei-Tages-Aktiv-Seminare kommt, sagte einmal auf meine Frage, warum er so regelmäßig komme: »Weißt du, ich bin inzwischen überzeugt davon, dass ich – wenn ich zwei Mal im Jahr bereit bin, eine gewisse Summe in mich und meinen inneren und äußeren Aufbau zu investieren und die zwei Wochenenden hier in diesem schönen Hotel als eine Art Kurzurlaub und Kur für die Seele verstehe – gleichzeitig auch dafür sorge, einmal nicht das Vielfache in einen Krankenhausaufenthalt mit wesentlich schlechterer Verpflegung stecken zu müssen. Als ich das erste Mal zu dir kam, war ich nervös, rauchte wie ein Schlot, hatte Alkoholprobleme, nervöse Zuckungen und einiges mehr. Seit ich mich bei euch aber zwei Mal pro Jahr ›ausleere‹ und mich immer wieder positiv ausrichte und motiviere, bin ich immer mehr in der Lage, mein Leben im Alltag zu meistern und erfolgreicher zu agieren. Es ist wirklich wahr, in unsere Autos und unsere Vergnügungen stecken wir jährlich sehr viel Geld; aber wenn es darum geht, in uns selbst etwas zu investieren, dann werden wir sofort zum Schwotten (Schwabe und Schotte in einer Person).«
Er ist einer, der es begriffen hat, denn wer wirklich etwas erreichen will, muss nicht nur täglich trainieren, sondern auch ab und zu ins Trainingslager gehen.

Die Angst holte ihn ein

Ein Eishockeyprofi von den Toronto Maple Leafs erzählte mir einmal, dass er immer nur dann eine Verletzung erleide, wenn er mit kleineren oder größeren Angstgefühlen in ein Match hineingeht. Einmal, so erzählte er mir, hatte er wieder das deutliche Gefühl, sich eine Verletzung einfangen zu können. So spielte er anfangs mit Vorsicht und leicht angezogener Handbremse, aber je länger das Spiel andauerte, desto mehr Sicherheit bekam er, und deshalb wurde er mit der Zeit etwas kühner, und er legte all seine anfänglichen Hemmungen wieder ab. Genau zwei Sekunden vor Ende der Verlängerung handelte er sich dann bei einem Zweikampf an der Bande eine Risswunde über der Augenbraue ein, die anschließend mit sechs Stichen genäht werden musste. Dieser Profi arbeitet deshalb seit vielen Monaten ganz verstärkt mit autogenem Training, weil er verstanden hat, dass immer nur das gedeihen kann, was einmal gesät wurde. Deshalb achtet er inzwischen genauso stark auf seine mentale Fitness wie auf seine körperliche.

Kluge Sprüche

Viele, die zum ersten Mal etwas von positiv-konstruktivem Denken hören, meinen, es handle sich – wie bei so vielem anderen auch – nur um eine Modeerscheinung oder gar eine vorübergehende Spinnerei von einigen Halblustigen. Sollten auch Sie zu dieser Gattung Mensch gehören, so möchte ich Sie jetzt gerne mit einigen Aussagen konfrontieren, die von den größten Denkern unserer Zeit, aber auch von Kapazitäten aus vergangenen Jahrhunderten stammen und die sich zu ihren Lebzeiten alle zu genau diesem Thema äußerten. Dies sind unter anderem Leo N. Tolstoi, Friedrich Rückert, Wilhelm von Humboldt, Thomas Alva Edison, Friedrich Schiller, John F. Kennedy, Johann Wolfgang von Goethe, William Shakespeare, Johann Nepomuk Nestroy, Martin Luther King, Dale Carnegie, Henry Ford, Voltaire, Buddha, Konfuzius, Adolf von Knigge, Alfred Hitchcock, Arthur Schopenhauer, Truman Capote, Johann Heinrich Pestalozzi, Michael Jary, Wilhelm Busch, Howard Carpendale, Altbundeskanzler Helmut Schmidt, Aristoteles Onassis, Thornton Wilder, Werner Finck, Oscar Wilde und viele andere.

All diese Leute aus den verschiedensten Epochen, Berufen und Gesellschaftsschichten haben mehr oder weniger bewusst mit dem positiv-konstruktiven Denken, mit Affirmationen und Imaginationen gearbeitet beziehungsweise arbeiten noch heute damit. Ihre Lebenserfahrungen und Erkenntnisse gipfeln in den nun folgenden Lebensweisheiten, die ich gerne an Sie weitergeben möchte.

Zum Mitschreiben geeignet

»Über Nacht wird man nur berühmt, wenn man tagsüber hart gearbeitet hat.« (Howard Carpendale)

»Mancher lehnt eine gute Idee bloß deshalb ab, weil sie nicht von ihm ist.« (Luis Buñuel)

»Die Dummen haben das Pulver nicht erfunden, aber sie schießen damit.« (Gerhard Uhlenbruck)

»Nehmen Sie einem Durchschnittsmenschen die Lebenslüge, und Sie nehmen ihm zu gleicher Zeit das Glück.« (Henrik Ibsen)

»Umgang mit Zwergen krümmt das Rückgrat.« (Stanislav Jerzy Lec)

»Jeder sieht auf die Dauer so aus, wie er ist.« (Helmut Schmidt)

»Der Wohlstand beginnt genau dort, wo der Mensch anfängt, mit dem Bauch zu denken.« (Norman Mailer)

»Dem Geld darf man nicht nachlaufen, man muss ihm entgegenlaufen.« (Aristoteles Onassis)

»Alles, was uns begegnet, lässt Spuren zurück. Alles trägt unmerklich zu unserer Bildung bei.« (Johann Wolfgang von Goethe)

»Der ewige Jammer mit den Weltverbesserern ist, dass sie nie bei sich selbst anfangen.« (Thornton Wilder)

»Was uns den Weg verlegt, bringt uns voran.« (aus China)

»Wer lächelt, statt zu toben, ist immer der Stärkere.« (aus Japan)

»Lächeln ist die eleganteste Art, seinem Gegner die Zähne zu zeigen.« (Werner Finck)

»Jeder dumme Junge kann einen Käfer zertreten. Aber alle Professoren der Welt können keinen herstellen.« (Arthur Schopenhauer)

»Die meisten Menschen sind Mörder. Sie töten einen Menschen in sich selbst.« (Stanislav Jerzy Lec)

»Fehlschläge sind die Wurzeln, die dem Erfolg sein Aroma geben.« (Truman Capote)

»Wenn der Mensch sich etwas vornimmt, so ist ihm mehr möglich, als man glaubt.« (Johann Heinrich Pestalozzi)

»Man darf nicht darauf vertrauen, dass einem der Erfolg treu bleibt. Man muss sich selber bemühen, dass man dem Erfolg treu bleibt.« (Michael Jary)

»Keiner weiß, was in ihm steckt, bevor er die Macht ausgekostet hat.« (Otto Flake)

»Angst machen ist immer leichter als Hoffnung geben.« (Norbert Steger)
»Wir hoffen immer, und in allen Dingen ist besser hoffen als verzweifeln.« (Johann Wolfgang von Goethe)
»Viele suchen ihr Glück wie einen Hut, den sie auf dem Kopfe haben.« (Nikolaus Lenau)
»Der beste Rat ist in der Not: Mensch, hilf dir selbst, so hilft dir Gott!« (Sprichwort)
»Wir müssen immerfort Deiche des Mutes bauen gegen die Flut der Furcht.« (Martin Luther King)
»Der Mensch lebt weit unter seinen Fähigkeiten. Er verfügt über Kräfte verschiedenster Art, die er in den meisten Fällen gar nicht mobilisiert.« (Dale Carnegie)
»Die meisten Menschen wenden mehr Zeit und Kraft an, um die Probleme herumzureden, als sie anzupacken.« (Henry Ford)
»Zufall ist ein Wort ohne Sinn; nichts kann ohne Ursache existieren.« (Voltaire)
»Es ist besser, ein kleines Licht zu entzünden, als über große Dunkelheit zu fluchen.« (Konfuzius)
»Das Außerordentliche geschieht nicht auf glattem, gewöhnlichem Wege.« (Johann Wolfgang von Goethe)
»Das Glück braucht oft nur den Entschluss, glücklich zu sein.« (Lawrence Durrell)
»Wenn die Not am größten ist, ist Gottes Hilfe am nächsten.« (Sprichwort)
»Wo das Leid ist, da kommen leicht auch die Liebe und der Glaube.« (Peter Rosegger)
»Wer den Himmel nicht in sich selber sucht, sucht ihn vergebens im ganzen Weltall.« (Otto Ludwig)
»Ebbe folgt nicht auf Ebbe, dazwischen liegt die Flut.« (aus Afrika)
»Erbitte Gottes Segen für deine Arbeit, aber verlange nicht noch, dass er sie tue.« (Karl Heinrich Waggerl)

»Wer nicht liebt Wein, Weib und Gesang, der bleibt ein Narr sein Leben lang.« (Martin Luther)
»Ich sag, es hilft dir nicht, dass Christus auferstanden, wo du noch liegen bleibst in Sünd und Todesbanden.« (Angelus Silesius)
»Was wir wissen, ist ein Tropfen; was wir nicht wissen – ein Ozean.« (Isaac Newton)
»Je mehr Bekannte man hat, umso weniger kennt man die Leute.« (aus China)
»Man soll nie vergessen, dass die Gesellschaft lieber unterhalten als unterrichtet sein will.« (Adolf von Knigge)
»Wird Christus tausendmal zu Bethlehem geboren und nicht in dir, bleibst du doch ewiglich verloren.« (Angelus Silesius)
»Es ist nicht so wichtig, seine Grenzen zu kennen, als sie zu erweitern.« (Nikolaus Enkelmann)
»Wer Angst hat, denkt nicht, wer Angst hat, lernt nicht.« (Horst-Eberhard Richter)
»Interessiere dich für dein Leben, du bist die Einzige, die etwas daraus machen kann.« (Else Pannek)
»Ehrliche, herzliche Begeisterung ist einer der wirksamsten Erfolgsfaktoren.« (Dale Carnegie)
»Die Menschen von heute verschwenden zu viel Zeit, auf Reden und Gedanken anderer Menschen zu horchen.« (Axel Munthe)
»Kein Übel kann dir geschehen, wenn du es nicht selbst dafür hältst.« (Menander)
»Hebe deine Augen auf, und du wirst die Sterne sehen.« (von den Philippinen)
»Furcht vor der Gefahr ist schrecklicher als die Gefahr selbst.« (aus Afrika)
»Das beste Gebet ist Geduld.« (Buddha)
»Alles nimmt ein gutes Ende für den, der warten kann.« (Leo N. Tolstoi)

»Hab Geduld in allen Dingen, vor allem aber mit dir selbst.« (Franz von Sales)
»Kehr in die Stille zurück, ruh in dir selber aus, so fühlst du höchstes Glück.« (Friedrich Rückert)
»Mit den Flügeln der Zeit fliegt die Traurigkeit davon.« (Jean de la Fontaine)
»Nur wer das Steuer loslässt, ist im Sturm verloren.« (Immanuel Geibel)
»Es ist unglaublich, wie viel Kraft die Seele dem Körper zu verleihen vermag.« (Wilhelm von Humboldt)
»Erfolg hat nur, wer etwas tut, während er auf den Erfolg wartet.« (Thomas Alva Edison)
»Nicht in die Ferne verliere dich! Den Augenblick ergreife! Der ist dein!« (Friedrich Schiller)
»Nichts ist überzeugender als der Erfolg.« (Leopold von Ranke)
»Wir unterscheiden uns weniger durch die Kräfte, die wir haben, als durch den Mut, von ihnen Gebrauch zu machen.« (Hans Kudszuz)
»Wenn man im Leben mit dem zweitbesten vorlieb nimmt, dann erreicht man immer wieder nur das Zweitbeste.« (John F. Kennedy)
»Niemand weiß, wie weit seine Kräfte gehen, bis er sie versucht hat.« (Johann Wolfgang von Goethe)
»Sechs Stunden sind genug für die Arbeit. Die andern sagen zum Menschen: Lebe!« (Lukian von Samosata)
»Man sollte den Menschen nicht nach seinen Vorzügen beurteilen, sondern nach dem Gebrauch, den er davon macht.« (La Rochefoucauld)
»Auch eine Reihe von tausend Meilen fängt mit dem ersten Schritt an.« (aus China)
»Wer sich selbst zu wichtig für kleinere Aufgaben hält, ist meistens zu klein für wichtigere Aufgaben.« (Jacques Tati)

»Die Mehrzahl der Menschen ist so: Macht man ihnen bescheiden Platz, so werden sie unverschämt. Versetzt man ihnen aber Ellbogenstöße und tritt man ihnen auf die Füße, so ziehen sie den Hut.« (Johann Nepomuk Nestroy)

»Um fremden Wert willig und frei anzuerkennen und gelten zu lassen, muss man eigenen haben.« (William Shakespeare)

»Die Straßen des geringsten Widerstands sind nur am Anfang asphaltiert.« (Hans Kaspar)

»Anfangen ist leicht, beharren ist Kunst.« (Sprichwort)

»Morgen für Morgen kommt man zur Welt.« (Eugène Ionesco)

»Wie glücklich würde mancher leben, wenn er sich um anderer Leute Sachen so wenig bekümmerte wie um seine eigenen.« (Oscar Wilde)

»Wenn man einen Riesen sieht, so untersuche man erst den Stand der Sonne und gebe Acht, ob es nicht der Schatten eines Pygmäen ist.« (Novalis)

»Jeder möchte die Menschheit bessern, aber keiner fängt bei sich selbst an.« (Leo N. Tolstoi)

Was fehlt jetzt noch, damit Sie überzeugt sind?

Was ist, konnten all diese, ja nicht gerade als Nobodys bekannten Herrschaften Sie noch etwas mehr überzeugen, dass Ihre Gedanken und Gefühle die stärkste Macht dieser Welt sind, und dass Sie immer nur das ernten können, was Sie einst auf dem Acker Ihrer Überzeugung gesät haben? Wenn ja, dann schreiben Sie sich ruhig einige dieser Wahrheiten heraus, um sie dann zur Hand zu haben, wenn das Massenbewusstsein wieder einmal den Mantel des Zweifels über Sie ausbreitet. Mir hat so eine kleine Zitatensammlung immer wieder neuen Mut gegeben, und deshalb habe ich sie über einige Jahre hinweg auch immer bei mir getragen.

Programme bestimmen unser Leben

Wir Menschen sind so konstruiert, dass all das, was wir glauben, wovon wir überzeugt sind, was wir uns durch wiederholtes Üben, also durch Erlernen aneignen, automatisch zu einem Teil von uns wird und von Stund an unsere Zukunft beeinflusst. Indem aber solche Erfahrungen genauso wie bei einem Computer so lange gespeichert und abrufbar bleiben, bis sie bewusst durch neue Erkenntnisse ersetzt werden, bestimmen gerade sie ganz wesentlich unser weiteres Leben und die damit einhergehenden Umstände. Alles Leiden, aller Frust, alle Angst sowie Geldnot, Krankheiten, Phobien, Depressionen, Süchte, Gewohnheiten und Misserfolge, aber auch große Erfolge, Glücksgefühle, Erfindungen, Heilungen und so weiter hängen ursächlich mit genau solchen Programmierungen zusammen. Diese Programme in uns sind also nichts anderes als die eigentliche geistige Ursache für alle eben beschriebenen Wirkungen. Wie bei einem Computer können wir aber diese Programme auch in unserem Leben austauschen und ersetzen, sobald wir feststellen, dass die daraus resultierenden Wirkungen negative Ergebnisse mit sich bringen. Man kann aber nicht Wirkungen durch Wirkungen ersetzen, sondern man muss zunächst die Ursachen verändern.
Ursache – um bei dem beliebten Beispiel mit dem Kirschbaum zu bleiben – ist es, einen Pfirsichkern ein-

zupflanzen, und die daraus resultierende Wirkung wird nach einigen Jahren der daraus erwachsene Pfirsichbaum sein. Nun können Sie mit Hilfe aller weltlichen Kapazitäten aus den Bereichen Technik, Botanik, Kunst und Architektur gerne einmal versuchen, auf einem solchen Baum Kirschen wachsen zu lassen, indem Sie die Blätter des Pfirsichbaums durch angeklebte Kirschbaumblätter ersetzen, ihm neue, täuschend ähnliche Äste ansetzen und vieles mehr. Egal, was Sie auch tun und anstellen, Sie können so lange nicht verhindern, dass immer wieder Pfirsiche wachsen, bis Sie den gesamten Baum mit allen Wurzeln ausgraben und an seiner Stelle einen Kirschkern beziehungsweise Kirschbaum in die Erde pflanzen.

Sie müssen schon etwas tun!

Ebenso können Sie im Bereich der Wirkungen in Ihrem Leben »rumpfuschen«, so oft Sie wollen. Solange Sie das ursprüngliche Programm, das tief in den untersten Schichten Ihres Unterbewusstseins festsitzt und oft schon in frühester Kindheit verankert wurde, nicht auflösen und durch ein neues ersetzen, werden auch Sie keine anderen als die Ihnen zwischenzeitlich bekannten Wirkungen erzielen. Bei schwierigen Problemen kann es deshalb durchaus ein halbes oder auch ein ganzes Jahr dauern, bis durch eine kontinuierliche Bejahung (Affirmation) und Vorstellung (Imagination) das Programm ausgetauscht ist. Wobei natürlich die Bedingung erfüllt sein muss, dass Sie in dieser Zeit täglich mindestens zwei- oder dreimal fünfzehn bis dreißig Minuten lang ganz konsequent daran arbeiten und streng darauf ach-

ten, dass das alte Negativprogramm keine neue Nahrung mehr erhält. Da allerdings liegt bei den allermeisten Menschen der eigentliche »Hund begraben«, weil sie weder die Disziplin noch das nötige Durchhaltevermögen aufbringen, so lange konsequent dranzubleiben, bis das gewünschte Ergebnis sichtbar wird.
Hier nun kann die moderne Psychotherapie eine durchaus große Hilfe sein, indem sie mittels ausgeklügelter Techniken und dem Wissen erfahrener Therapeuten in oft wenigen Tagen die einstmalige Programmierung auf- beziehungsweise entdeckt. Die vorhandene Negativprogrammierung wird zunächst aufgelöst und durch eine neue, positive, lebensbejahende Programmierung ersetzt, deren Wirkung dann von der betreffenden Person relativ schnell auch im Außen wahrgenommen werden kann. Um abermals zu dem Beispiel mit dem Kirsch- beziehungsweise Pfirsichkern zurückzukommen, so würde das bedeuten, wir graben den Pfirsichbaum behutsam mit allen Wurzeln großflächig aus und setzen in das vorhandene Loch einen bereits groß gewachsenen Kirschbaum hinein. Zum richtigen Zeitpunkt im Jahr gepflanzt sowie mit ein wenig neuer Erde und regelmäßigem Gießen gepflegt, wird er bereits einige Monate später schon Blätter bekommen, und bald darauf kann man dann die ersten saftigen Kirschen ernten. In diesem Fall müsste man also nicht jahrelang darauf warten, bis aus einem kleinen Kirschkern ein ausgewachsener Baum wird, weil wir durch das »gewusst wie« gleich Baum gegen Baum getauscht und dadurch eine ganze Menge Zeit gespart haben.
Eine ähnlich phantastische Wirkung erzielen wir in den meisten Fällen mit unseren Drei-Tages-Aktiv-Seminaren. Meine tägliche Leserpost zeigt mir immer wieder aufs Neue, dass einer der größten Stolpersteine überhaupt

die Umsetzbarkeit des Gelesenen ins tägliche Leben darstellt. Gerade weil wir fast alle durch Eltern, Lehrer, Religionsunterricht, aber auch durch viele andere Personen in unserem Umfeld oft schon in frühester Jugend mit Negativitäten mannigfaltigster Art und den damit zusammenhängenden Glaubenssätzen völlig falsch für das spätere Leben ausgerüstet wurden, tun sich auch so viele unendlich schwer damit, sich – völlig auf sich alleine gestellt – neu und positiv zu programmieren. Mit wem soll man sich denn austauschen?, fragen viele. Mit wem über seine tiefsten Ängste, Befürchtungen sprechen, ohne ausgelacht zu werden? Wem kann man denn schon wirklich sagen, was einen tief innen drin seit zig Jahren quält, und vor allem: Wer kann eine qualifizierte Antwort und die dazugehörigen Lösungsvorschläge geben? Pro Jahr werden allein in Deutschland, Österreich und der Schweiz Millionenumsätze mit Tranquilizern (Gemütsaufhellern) erzielt, die in den Arztpraxen verschrieben werden, ohne den Patienten über das Ruhigstellen hinaus eine wirkliche Hilfe anzubieten. Die Medien berichten zwar großspurig darüber, dass Angst inzwischen zur Zeitkrankheit Nummer eins in den großen Industrienationen avanciert ist, aber kaum fünf Minuten später – um ein x-beliebiges Beispiel aus dem Bereich Fernsehen zu verwenden – wird im so genannten Action-Pack noch mehr Gewalt, Horror, Krieg, Vergewaltigung, Mord, Entführung, Einbruch und anderes mehr gesendet. All diese Dinge sind aber schon wieder neue mentale Gifte, die auf diese Weise erneut unter das Volk gestreut werden und ihrerseits auch wieder zur Vermehrung und Verbreitung jener Ängste bei den Menschen beitragen. Die endlose Spirale der Unwissenheit aber zu durchbrechen, ist die Hauptaufgabe unserer und der nachfolgenden Generationen.

Die Schuld bei sich selbst suchen

Dafür aber den Medien, und damit meine ich nicht nur das Fernsehen, sondern alle zur Medienlandschaft gehörenden Bereiche, die Schuld zuschieben zu wollen, wäre völlig falsch. Die Medien senden oder schreiben nämlich nur das, was sich auch verkauft, was Umsatz oder Einschaltquoten bringt, und deshalb schließt sich auch hier wieder der Kreis, denn wir allein sind letztendlich dadurch, dass wir das Angebotene konsumieren, die eigentlich wirklich Schuldigen. Egal wie auch immer, wir allein – und zwar jeder Einzelne von uns – müssen den Weg aus dem Dschungel der Angst selbst finden. Es ist mir deshalb ein ganz besonderes Anliegen, Ihnen, liebe Leser, so verständlich wie möglich nahe zu bringen, wie problemlos jede Frau und jeder Mann mit ein bisschen Mut und der Bereitschaft, ein wenig Geld in sich selbst, seine Zukunft und sein persönliches Glück zu investieren, in schon ganz wenigen Tagen gravierende Änderungen in seiner Persönlichkeit sowie in seinem direkten Umfeld erfahren kann. Wie und was wir allerdings in einem solchen Seminar bewirken, das sollen Sie nun aus ganz berufenem Munde von meiner langjährigen Freundin, der Psychotherapeutin und Mentaltrainerin Monika Junghanns, erfahren. Sie wird Ihnen in den nächsten Kapiteln einiges aus ihrer Sicht und ihrer Erfahrung in der praktischen Arbeit mit Menschen und über das Zusammenwirken von Therapie und positiv-konstruktivem Denken berichten, um Ihnen den wirklichen Wert eines solchen Seminars verständlich zu erklären sowie Ihnen den Ablauf dieser drei Tage einmal nahe zu bringen.

6. Kapitel

Begleiten Sie mich jetzt durch unser Seminar

- Ich lade Sie ein
- Mein Weg zu mir
- Heute weiß ich, was ich will
- Das Seminar
- Der Raum wird gereinigt
- Auf die Plätze ...
- Die Sprache des Körpers verstehen lernen
- Die beliebten Symbolkarten
- Entspannungsübung
- Es ist egal, wenn die Bilder undeutlich sind
- Den Bauch sprechen lassen
- Sinn und Zweck
- Ängste sind fehl am Platz
- Sehr wichtig im Leben: loslassen

Ich lade Sie ein

Eine sehr gute Möglichkeit, sich anderen Menschen mitzuteilen und sie behutsam anzuleiten, ihren eigenen, ganz persönlichen Weg zu gehen, ist die gemeinsame Seminartätigkeit mit Peter. Um vielen die Schwellenangst zu nehmen, die sie vielleicht davon abhält, Seminare, wie wir sie geben, zu besuchen, schildere ich Ihnen nun einmal »unsere Arbeit« in ihrer Grundstruktur und berichte von den Problemen, Ängsten, Wünschen und Sorgen der Menschen, mit denen wir in einem solchen Seminar zusammenkommen. Ich lade Sie also jetzt zu einem ganz individuellen Seminarbesuch bei uns im schönen Bad Mergentheim an der Romantischen Straße ein.
Zuvor gestatten Sie mir bitte noch einige kurze Sätze zu meiner Person und meinem bisherigen Werdegang.

Mein Weg zu mir

Als ich an meinem 42. Geburtstag erwachte und – wie es an solchen Fixpunkten häufig passiert – über mein bisheriges Leben nicht nur nachdachte, sondern dieses wieder einmal vor meinem geistigen Auge Revue passieren ließ, wurde mir klar, dass die wichtigsten Stationen im Leben eines Menschen immer diejenigen sind, an denen er sich die Frage stellt: Warum bist du eigentlich hier, und welche Aufgaben sind dir in deinem Leben gestellt? Dies alles sind Fragen, die ganz andere Ebenen in uns allen zum Schwingen bringen als beispielsweise das Denken an auch für mich so wesentliche Ereignisse wie zum Beispiel der Tag meiner Heirat oder die Geburt meines Sohnes. Vor fünfzehn Jahren noch blieben Antworten auf diese Sinnfragen aus, doch mit der Zeit entwickelte sich in mir peu à peu das Fundament für ein neues, anderes Denken, und die Gedanken an das Wollen und Haben im Äußeren, das für viele Dreh- und Angelpunkt vordergründigen menschlichen Strebens ist, trat dadurch immer mehr in den Hintergrund. Um ein Bild zu verwenden: Diese äußeren »Werte« tauchten ein in eine Art aufsteigende Nebel, so wie es mit Landschaften geschieht, die durch diesen Vorgang an Schärfe und Kontur verlieren. Für meinen persönlichen Entwicklungsprozess war mit Sicherheit eines von ausschlaggebender Bedeutung: lesen, lesen und nochmals lesen. Ich studierte die essenzielle Literatur in ihrer ganzen Vielfalt; ich kam zu neuen Erkenntnissen und übernahm teilweise ganz Entscheidendes, das geradezu zeitlos schon Jahrhunderte zuvor von anderen Menschen gedacht worden war, danach wieder im Bewusstsein der Generationen verschwand, um immer wieder von neuem aufzutauchen, eben weil es von ewiger Gültigkeit ist. Heute lache ich oft darüber, wie gut ich früher im Erteilen von Ratschlägen war, obwohl es in mir selbst noch sehr viel Ungeklärtes gab. Die Erkenntnis nämlich, dass persönliche Weiterentwicklung zunächst aktives Handeln bedingt, festigte sich im Laufe der Zeit immer mehr in mir, und ich begann deshalb recht schnell mit dem wichtigsten Schritt, dem Tun, nämlich an mir und mit mir selbst zu arbeiten.

Ein Hauptteil dieser Arbeit war dabei, mich dem Prozess der Selbsterfahrung zu öffnen. Ich durchlebte dabei Momente, die am tiefsten Kern meiner Persönlichkeit rührten, und auch wenn ich manchmal schon fast auf-

geben wollte, so zogen mich doch Selbsterfahrungsseminare immer wieder geradezu magnetisch an.
Heute möchte ich diese Zeiten nicht mehr missen, denn sie sind meines Erachtens für ein Fortschreiten auf dem geistigen Weg auch absolut unerlässlich. Hinzu kamen während dieser Entwicklungsphase noch einige Aufenthalte in Indien und Nepal; Regionen also, die von immenser Energie sind und Empfindungen freisetzen, welche dem im überkommenen Denken verhafteten westlichen Menschen in der Regel total verborgen bleiben.

Heute weiß ich, was ich will

Als meine wichtigste Aufgabe sehe ich es heute deshalb auch an, meine Kenntnisse und Erfahrungen als Therapeut und Mentaltrainer an andere Menschen weiterzugeben; an Menschen, die sich ebenfalls auf den Weg gemacht haben, ein sinnerfülltes, glückliches und ausgeglichenes Leben zu führen. Ausgeglichenheit, Harmonie, Ruhe und Zufriedenheit – das sind für mich persönlich jene hohen Ziele, die ich im jahrelangen Praktizieren des Kriya-Yoga zu vervollkommnen suche. Dabei habe ich auch gelernt, mich aus Verhaftungen zu lösen und frei zu sein für Neues sowie mich täglich immer wieder ganz bewusst dem »Hier und Jetzt« zu öffnen.
Heute bin ich bereit für neue Erfahrungen, die ich mit all den vielen gerne teilen möchte, denen ich auf ihrem Weg Hilfe zur Selbsthilfe sein darf. Gerade hautnah zu erleben, wie Menschen in nur wenigen Stunden Wandlungen vollziehen und sich von oft jahrzehntelangen Begrenzungen lösen, gibt mir immer wieder neue Kraft.

Das Seminar

Freitag, neun Uhr früh; es ist Kaiserwetter, wie die Österreicher sagen würden. Im Auto auf der Fahrt zum Seminarhotel beobachte ich, wie ein paar kleine Wolken vorüberziehen, und tief in mir spüre ich eine ganz besondere Anspannung. Welche Menschen werden wohl diesmal in unser Seminar – das genau in fünf Stunden beginnt – kommen? Welche Probleme, Ängste, Ratlosigkeit und welche Erwartungen bringen sie mit? Kein Seminar läuft nämlich gleich ab, selbst wenn ich stets dieselben Übungen durchführen würde, so wäre der Gruppenprozess niemals derselbe, ganz einfach deshalb, weil immer wieder andere Menschen mit anderen Problemen anwesend sind. Ein paar Tage zuvor – wenn ich das Seminar konzipiere – ahne ich in der Regel bereits, welche vorrangige Problematik sich diesmal ergeben wird. Es ist tatsächlich sehr einfach, wenn man viel meditiert – wie ich es tue – sich auf die Energie anderer Menschen einzuschwingen; und doch habe ich kein einziges Seminar so gehalten, wie ich es anfangs vorgehabt hatte. Diese Art von Seminaren, wie Peter Kummer und ich sie geben, können übrigens auch nur intuitiv gehalten werden, weil man sich auf jeden einzelnen Teilnehmer einstellen und sehr behutsam versuchen muss, sich mit den verschiedensten individuellen Problematiken auseinander zu setzen. Mein Konzept liefert zwar das Grundgerüst, das sich auch immer als äußerst tragfähig erweist, doch meist nehme ich intuitiv Wandlungen vor, die für den energetischen Zustand der jeweiligen Gruppe angemessen sind.

Am Seminarort angekommen, lasse ich mich dann bei einer Tasse Kaffee immer wieder gerne von der sehr gemütlichen Atmosphäre unseres Hotels (wir haben für diese Seminare ganz bewusst ein 4-Sterne-Hotel gewählt) einfangen, die ich jedes Mal wieder aufs Neue sehr genieße. Peter hat inzwischen schon damit angefangen, im siebten Stock des Hotels – ein himmelblauer Raum mit Blick über die ganze Stadt – die verschiedensten Vorbereitungen zu treffen.

Der Raum wird gereinigt

Kurz vor Beginn des Seminars »reinigen« wir den Schulungsraum noch von möglicherweise vorhandenen negativen Energien mittels Reiki (gesprochen Reeki). Peter und ich arbeiten innerhalb des Seminars gerne mit der heilenden Reikienergie. Reikiseminare kann man inzwischen in jeder größeren Stadt besuchen und sich in die verschiedenen Grade einweihen lassen. Hierzu ist übrigens keine große Voraussetzung oder besondere Fähigkeit notwendig. Reiki kommt aus Japan und wird als jene Kraft definiert, die die Grundlage allen Lebens bildet. Diese universale Lebensenergie kann durch eine entsprechende »Einstimmung« in jedem Menschen geweckt und aktiviert werden, sodass sie als heilende und harmonisierende Kraft durch ihn fließt. Reiki bewirkt eine Heilwerdung im ursprünglichen Sinne, denn es führt den Menschen zu einer Harmonie mit sich selbst und den grundlegenden Kräften des Universums zurück. Reiki bedeutet, durch die Einweihung sich selbst, anderen Menschen, Tieren und auch Pflanzen als Kanal dieser universellen Energie zur Verfügung zu stehen und diese durch die Handinnenfläche zu übertragen. Man kann sehr genau fühlen, wie Körperstellen, die mit Reiki behandelt werden, warm beziehungsweise heiß, manchmal aber auch kalt werden. Auf diese Weise kann so mancher Heilungsprozess sehr stark beschleunigt, aber auch akuter körperlicher Schmerz gelindert werden. Mehr über Reiki können Sie gerne in dem Buch von Bodo Baginski und Shalila Shalamon (»Reiki, Universelle Lebensenergie«, Synthesis Verlag, Essen) nachlesen.

Auf die Plätze ...

14.00 Uhr! Nun ist es so weit! Unsere Teilnehmer erscheinen und machen es sich im Seminarraum bequem. Die meisten schauen anfangs noch recht skeptisch, manche sogar etwas ängstlich, andere dagegen eher neugierig umher, aber alle sind schon sehr gespannt auf das, was sie hier erwartet. Meist sind fast alle Altersklassen (von 20 bis oft sogar über 60 Jahre) vertreten. Was mich ganz persönlich sehr freut, ist, dass inzwischen immer mehr Männer in unsere Seminare kommen. Männer, die bereit sind, sich einmal den »anderen Weg« anzusehen, den Weg der Intuition und nicht den der Ratio, also der Vernunft beziehungsweise des Verstandes. Diesmal sind wir zweiundzwanzig Teilnehmer, vierzehn Frauen und acht Männer. Peter beginnt zunächst mit einem etwa einstündigen Einführungsvortrag und spricht zu Anfang ein wenig über das Zusammenspiel von positiv-konstruktivem Denken in Verbindung mit therapeutischen Übungen. Danach führe ich die Teilnehmer in eine leichte Trance, in der ich sie auf die bevorstehenden Übungen vorbereite. Nach dem Ausklingen der Entspannungsmusik und meinen einleitenden Worten kommt dann der Augenblick, an dem viele etwas ungläubig schauen. Manche bleiben völlig verblüfft stehen und können es kaum fassen, dass plötzlich laute Discomusik eingespielt wird, wonach die ganze Gruppe zunächst etwa eine halbe Stunde tanzt. Warum Discomusik, werden Sie jetzt sicher fragen. Ganz einfach, um leichter loslassen zu können; wer nämlich geistig loslassen will, der muss zuerst einmal körperlich loslassen können. Oder einfacher ausgedrückt: Jeder sollte zunächst versuchen, seine körperlichen Verspannungen zu lösen, die oft genug im Schulter- oder Rückenbereich im wahrsten Sinne des Wortes »auf uns lasten«. Unser Körper lügt nämlich nie, er zeigt uns immer ganz genau an, wo unsere Schwachstellen sind, und versucht anfänglich meist durch leichten Druck oder Schmerz Aufmerksamkeit auf sich zu ziehen, um uns anzuzeigen: Hier ist ein Problem, lass es uns bitte auflösen!

Die Sprache des Körpers verstehen lernen

Erst wenn wir keine Notiz von diesen mehrfachen Warnungen nehmen, wird der Körper massiver. Dies wirkt sich meist in einer Krankheit, wie immer sie auch geartet sein mag, aus – ob ein Geschwür, eine Entzündung oder ein anderes Leiden, zu dem übrigens auch Krebs gehören kann. Wenn wir aber wieder ganz bewusst lernen, auf unseren Körper zu hören und auf die feine Stimme in uns zu achten, dann können wir wirklich vollkommen geheilt werden, und zwar nicht nur von den äußeren Leiden, den so genannten Symptomen, sondern – was viel wichtiger ist – von den Ursachen dieser Leiden, also vom seelischen Aspekt, der so genannten Wurzel einer solchen Krankheit. Im Tanz – um wieder ins Seminar zurückzukommen – lockern wir also alle

Glieder, Muskeln und Verspannungen. Gleichzeitig führt uns der Tanz aber auch in die Lebensfreude, ins Spielerische. Wer wirklich entspannen will, der muss zuerst einmal anspannen. Es tanzt zwar ein jeder für sich alleine, aber dennoch kann man im Raum schon förmlich eine ganz besondere Atmosphäre spüren; die einen lachen, andere toben sich bereits richtig aus, und einige wenige schauen noch etwas unsicher und wissen nicht so recht, wie sie sich bewegen sollen. Vielleicht haben sie ja schon lange nicht mehr getanzt, oder sie hatten seit Jahren keinen triftigen Grund mehr zum Lachen. Schon während des Tanzens kann man ganz deutlich erkennen, wo es an Selbstwertgefühl, Lebensfreude, Sicherheit und Ausgelassenheit hapert. Durch den Tanz lösen sich aber auch Hemmungen und schon mancher Teilnehmer, der seit Jahren schon nicht mehr tanzte, hat in unserem Seminar wieder »Blut geleckt« und neuen Spaß daran gefunden.

Die beliebten Symbolkarten

Nach der ersten Kaffeepause lege ich so genannte H.O.-Karten aus. Zunächst große Karten, auf denen Begriffe wie beispielsweise »Liebe«, »Erfolg«, »Glück«, »Wohlstand«, aber auch Negatives wie »Angst«, »Schüchternheit« oder »Verlust« stehen, und kleinere Karten, die mit symbolischen Szenen bebildert sind. Jeder der Teilnehmer wird jetzt in dem Bewusstsein »Was will mir diese Kartenkombination zu meiner momentanen Situation sagen?« je eine Karte ziehen, um danach in Gruppen zu jeweils sechs Personen darüber zu sprechen, wie er selbst diese verborgene Botschaft seines Unterbewusstseins interpretiert. Bass erstaunt stellen bei jedem Seminar mehr als neunzig Prozent der Teilnehmer immer wieder fest, dass, wenn sie die Karten ganz bewusst gezogen haben, sie auch immer die richtigen, nämlich die zu ihrer momentanen Situation passenden in der Hand haben. Nicht wenige der Anwesenden erkennen in einer solchen Runde das erste Mal seit langer Zeit – oder manche sogar das erste Mal in ihrem Leben –, dass sie sich einem anderen Menschen gegenüber geöffnet und vielleicht sogar mit ihm ihre geheimsten Probleme erörtert haben. Doch das ist natürlich nur der Anfang.

Entspannungsübung

Danach geht es weiter mit einer Phantasiereise, die zum Üben von Visualisierungen sehr gut geeignet ist, ganz speziell, um eigene Wünsche und Vorstellungen besser herauskristallisieren und bebildern zu lernen.
Lassen Sie mich an dieser Stelle auch noch sagen, dass uns meines Erachtens jede Art von Meditation eine große Hilfe sein kann, sei es die Transzendentale Meditation (T.M.), in der man zwanzig Minuten lang ein bestimmtes Mantra (Wort) wiederholt, um den Geist zur Ruhe zu bringen, oder Yoga, um sich zu zentrieren beziehungsweise, um im Geist »klar« zu werden (ich selbst praktiziere Yoga seit zwölf Jahren sowie seit etwa zwei Jahren die T.M.). Innerhalb des Seminars lernen wir dann auch noch einige sehr wichtige dynamische Meditationen kennen, bei denen wir auch unseren Körper miteinbeziehen müssen. Einige dieser Meditationen dauern bis zu einer Stunde und sind meist in vier Phasen aufgeteilt, wobei wir in der ersten Phase zunächst

lernen, den Körper loszulassen. Wir schütteln uns dazu fünfzehn Minuten lang ganz intensiv aus. In der zweiten Phase bewegen wir uns einfach ganz intuitiv nach den Klängen der Musik; in der dritten Phase stehen oder sitzen wir lediglich völlig ruhig, und die vierte und letzte Phase dient schließlich der vollkommenen Ruhe und Entspannung. Viele erleben bei dieser Art der Meditation bereits schon tief greifende Erkenntnisse.
Wie schon gesagt, wer bereit ist, sich zu öffnen und wieder auf seine innere Stimme zu hören, der kann in kürzester Zeit unglaubliche Ergebnisse erzielen und bisher Ungeahntes erleben. Manchmal gibt unser Unterbewusstsein dabei auch schon eine Lösung für ein drängendes Problem frei und zeigt uns oft in Form von Bildern und Symbolen an, wie wir von nun an in unserem Leben weiterzugehen haben. Überhaupt können wir vom Unterbewusstsein jederzeit Antworten erhalten, wenn wir unsere Bereitschaft, ihm zuzuhören, wieder schulen und reaktivieren.

Es ist egal, wenn die Bilder undeutlich sind

Zum Thema Visualisierung, auch Imagination genannt, möchte ich noch einflechten, dass es im Grunde nicht entscheidend ist, ob man ein visualisiertes Bild deutlich vor seinem geistigen Auge sieht oder nicht. Manche Menschen sehen absolut nichts, fühlen beziehungsweise spüren sich aber in die von ihnen gewünschte Situation sehr gut hinein. Andere wiederum haben bestimmte Laute, Stimmen oder Klänge im Ohr. Wiederum andere sind olfaktorisch veranlagt, das heißt, sie bringen bestimmte Gerüche mit bestimmten Situationen in Zusammenhang. Wenn einer meiner Sinneskanäle stärker ausgeprägt ist, so werde ich über diesen die gewünschte Situation wahrnehmen und in sie eintauchen – vorausgesetzt, ich kenne meine Wünsche wirklich. Es ist kein Witz, wenn ich sage, dass neunzig Prozent aller Menschen ihre Wünsche überhaupt nicht definieren können, wenn man sie danach fragt. Die Antwort lautet meist: »Ich will nicht ...«, »Ich mag nicht ...«, »Ich kann nicht...« und so weiter. Leider wissen die meisten Menschen nur sehr genau, was sie nicht wollen. Aber um im Außen etwas zu manifestieren, muss ich wissen, was ich will und nicht, was ich nicht will. Wir sollten uns deshalb alle einmal in einer stillen Stunde hinsetzen und darüber nachdenken, was wir in Wirklichkeit eigentlich wollen in unserem Leben. Natürlich müssen diese Ziele für uns auch realisierbar sein, und sie dürfen vor allen Dingen anderen Menschen nicht schaden.

Will ich es auch wirklich? Was ist, wenn ich es bekomme? Kann ich auch damit umgehen? Macht es mich wirklich glücklich? All das sind Fragen, die wir uns selbst stellen müssen. Empfehlenswert ist es deshalb, sich seine Wünsche aufzuschreiben, denn alles, was wir zu Papier bringen, schreiben wir gleichzeitig quasi ins Universum. Mit anderen Worten: Es wird uns dadurch sehr viel bewusster. Die Gedanken selbst huschen nämlich mal hin und mal her, aber wenn wir etwas aufschreiben, dann konzentrieren wir uns auf das Wesentliche und werden auf diese Weise förmlich dazu gezwungen, bei der Sache zu bleiben. Übrigens, weil wir gerade von Wünschen sprechen: Hier eine kleine, aber dafür umso tiefsinnigere Geschichte, die ich aus meiner Kindheit kenne und die auch in dem Buch »Die Kraft des Mentaltrainings« von Bristol und Sherman (Peter Erd Verlag, München) abgedruckt ist.

Zwei Farbige saßen am Ufer des Mississippi und dösten; der eine gähnte, räkelte sich und meinte: »Ah, ich wünschte, ich hätte eine Million Wassermelonen.« Darauf fragte der andere: »Jim, wenn du eine Million Wassermelonen hättest, würdest du mir dann die Hälfte davon abgeben?« – »Von wegen!« – »Würdest du mir dann ein Viertel davon abgeben!« – »Nein.« – »Aber tausend doch bestimmt?« – »Nein.« – »Hundert?« – »Nein.« – »Wenigstens zehn?« – »Nein, auch nicht.« – »Würdest du mir nicht einmal eine einzige, lausige Wassermelone abgeben?« – »Ich will dir was sagen, Sam. Ich würde dir nicht einmal einen einzigen Bissen abgeben, wenn ich eine Million Wassermelonen hätte!« – »Und warum nicht, Jim?« – »Ganz einfach, Sam, weil du zu faul bist, dir selber welche zu wünschen!«
Nun, was möchte uns diese kleine Fabel wohl sagen? Ganz einfach, wir alle haben die Fähigkeit, uns etwas zu wünschen, und wir haben auch die Möglichkeit, das Gewünschte durch intensives »Wollen« und unbeirrtes Daranfesthalten für uns Wirklichkeit werden zu lassen. Aber jetzt einmal Hand aufs Herz: Sind wir nicht alle oft »Trittbrettfahrer« und überlassen gerne anderen die Arbeit? Der Kommunismus ist nicht zuletzt daran gescheitert, dass immer nur die zum Teilen bereit waren, die selbst nichts hatten. Denken Sie also daran, wenn Sie das nächste Mal einen Wunsch haben und stellen Sie sich der Verantwortung, die Erfüllung selbst in die Wege zu leiten. Das kostet – zugegeben – zwar einiges an Energie und Disziplin, aber wenn es einmal geschafft ist, macht es auch unheimlich stolz und gibt neuen Mut und neue Stärke. Also, auf geht's: »Wünsch dir was!« Denn wie heißt es doch so schön: *»Wenn wir nicht selbst entscheiden, tun es andere für uns.«* (Josef Kirschner)

Den Bauch sprechen lassen

Bereits nach der ersten Phantasiereise sind die Teilnehmer nicht mehr so angespannt und auch innerlich inzwischen im Seminar »angekommen«. Wir beginnen nun mit den so genannten Interaktionsspielen. Es handelt sich dabei um psychologisch ausgeklügelte spielerische Übungen, die meist paarweise absolviert werden: Sie ermöglichen uns, tief in unser Inneres zu schauen und den Kopf, das heißt die reine Verstandesebene, für einige Zeit auszuschalten, um sozusagen »den Bauch sprechen zu lassen«. Darum geht es primär dabei. Man sollte deshalb während der Übungen nicht verkrampft nach Formulierungen suchen, sondern spontan auf das, was das Gegenüber fragt, antworten.
Zuerst sucht sich also jeder einen Partner, beziehungsweise er lässt sich von einem finden. Beide sitzen einander gegenüber und wählen, wer A und wer B ist. A fragt nun B zum Beispiel: »Wodurch begrenzt du dich?«, und B sollte möglichst schnell und ohne groß zu überlegen aus dem Bauch heraus darauf antworten. Die anfängliche Scheu ist schnell überwunden, denn der Einzelne wird später sowieso nicht mehr wissen, was sein Partner alles geantwortet hat. Wenn wir schließlich auch diese Hemmschwelle erfolgreich überschritten haben, sind wir bereits auf dem besten Weg, unsere drängendsten Probleme anschauen und bearbeiten zu können.

Sinn und Zweck

Sie werden sich unterdessen vielleicht fragen, was Übungen dieser Art bewirken können. Nun, sie bewirken, dass wir quasi gezwungen werden, uns mit unseren Problemen zu identifizieren, sozusagen direkt in sie hineinzusehen und nicht mehr wegzuschauen, sodass wir oft recht schnell begreifen, dass alles in unserem Leben immer nur das ewige Zusammenwirken von Ursache und Wirkung ist, und dass ausschließlich wir allein für unsere Probleme und Schwierigkeiten verantwortlich sind und deshalb auch aufgerufen sind, die volle Verantwortung für uns und unser Leben zu übernehmen. Sie sind aber auch dazu da, damit wir an unsere Unzulänglichkeiten, an unsere Blockaden herankommen, die uns bisher an einem erfolgreicheren, glücklicheren und gesünderen Leben hinderten, und dass wir auch die Schattenseiten unserer Seele einmal anzuschauen lernen, vorausgesetzt natürlich, wir sind bereit dazu. Wissen Sie eigentlich, dass man viele oft jahrelang andauernde Krankheiten und Probleme in wenigen Minuten für immer auflösen kann – vorausgesetzt man ist bereit dazu, sich die Ursachen nochmals ganz bewusst anzusehen?

Ängste sind fehl am Platz

Aber keine Angst, Ihr Unterbewusstsein wird Ihnen immer nur so viel zeigen und freigeben, wie Sie auch ertragen können. Wir geraten in unserem Leben nämlich immer nur in solche Konflikte, die wir auch in der Lage sind zu meistern. Wenn wir einmal ehrlich zu uns selbst sind, so müssen wir doch zugeben, dass wir in schwierigen Situationen meist kein Vertrauen in uns selbst und die uns zur Verfügung stehenden geistig-seelischen Kräfte haben und uns deshalb etwas beleidigt fragen: »Warum musste ausgerechnet mir das passieren?« Ein paar Wochen danach aber, wenn wir wieder etwas Abstand zu den Ereignissen gewonnen haben, stellen wir dann sehr oft fest, dass auch noch so negative Momente in unserem Leben immer einen tieferen Sinn hatten. Sie wissen ja: Das Leben leben kann man nur vorwärts, das Leben verstehen nur rückwärts.

Sehr viele solcher vermeintlich negativen Ereignisse haben uns aber in vielen Fällen reifen und erkennen lassen, dass auch ursprünglich scheinbar negative Erlebnisse ihr Gutes haben, weil sie uns neue Werte, neue Ziele haben entdecken lassen oder uns vielleicht sogar die ersehnte Heilung brachten. Wir sollten uns deshalb für die Genesung unserer Gefühle öffnen, sie zulassen; wir sollten bereit sein für die Heilung, bereit sein für Veränderung im Leben, denn alles im Universum ohne Ausnahme ist einem immerwährenden Wechsel und Wandel unterworfen. Wie oft haben sich in Ihrem Leben schon gravierend Dinge ereignet, gegen die Sie sich vehement sträubten, und heute im Nachhinein müssen Sie feststellen, dass es eigentlich gar nicht besser hätte kommen können?

Sehr wichtig im Leben: loslassen

Veränderung heißt aber auch: loslassen. Loslassen, ein Wort, das zwar in aller Munde ist, und doch ist kaum jemand in der Lage, dieses Loslassen wirklich perfekt zu praktizieren, denn meist sind wir alle festgefahren in alten Verhaltensmustern und Glaubenssätzen, nach denen sich mittlerweile unser gesamtes tägliches Leben richtet. Wir bauen Schematas auf, nach denen wir Tage,

Monate, Jahre und oft sogar Jahrzehnte verbringen. Da ist zum Beispiel unser Beruf, der uns möglicherweise schon lange keinen Spaß mehr macht, und trotzdem zwingen wir uns jeden Morgen wieder dazu, zur Arbeit zu gehen. Warum? Weil wir festgefahren sind, festgefahren in unserem Alltag, unserem Trott, unfähig, selbst Veränderungen herbeizuführen. Wir haben Angst davor, dass alles, was wir uns geschaffen haben, dadurch vielleicht wieder in Frage gestellt werden könnte. Angst, neue Möglichkeiten auszuprobieren; Angst, keine Sicherheit mehr zu haben. Was aber ist denn schon sicher? Darauf gibt es nur eine Antwort: nichts, absolut gar nichts! Alles ist vergänglich, und das Einzige, das uns im Alter einmal bleibt, sind unsere Erfahrungen, das Materielle wird irgendwann einmal nicht mehr so wichtig sein. Vielleicht glauben wir auch an Reinkarnation (Wiedergeburt) und suchen nach der Aufgabe in unserem Leben, damit wir unser Karma (Schicksal) auflösen können. Egal, was auch immer wir für uns zu verarbeiten haben: Nur wenn wir Altes loslassen, kann etwas Neues entstehen. Wir verschenken nämlich sehr oft viele Jahre unseres Lebens einfach dadurch, dass wir Altes nicht loslassen, und dass somit das Neue – meist Bessere und Schönere – nicht zu uns kommen kann. »Wenn du loslässt«, sagte mir einmal ein spiritueller Lehrer, »hast du zwei Hände frei!« Frei für neue, vielleicht ungewöhnliche Dinge? Wofür sonst?

7. Kapitel

Spielerisch geht's weiter

- Ein interessanter Nachmittag
- Der zweite Tag
- Manche schlafen schlecht
- Sexuell missbraucht
- Sonja
- Beate
- Susanne, Claudia und Manfred
- Lottosucht
- Alles hängt an einem einzigen Kettenglied

Ein interessanter Nachmittag

Wenn ich heute mein bisheriges Leben einmal Revue passieren lasse, so kann ich im Nachhinein sagen, dass ich, auch wenn mich etwas noch so mit Angst erfüllt hatte, immer dann fürstlich belohnt wurde, sobald ich das Angstpotenzial losließ und meiner inneren Führung vertraute. Nichtsdestotrotz hatte aber auch ich, wie die meisten anderen, immer wieder Probleme damit, wirklich und konsequent loszulassen. Wir alle müssen aber unser Leben lang loslassen; dies beginnt bei der Geburt und verfolgt uns durch Elternhaus, Schule, Freundschaften, Partnerschaften, Kinder und so weiter bis hin zum letzten Moment unseres Lebens, an dem wir sogar uns selbst, unseren Körper loslassen müssen. Möglicherweise erleichert uns eine solche Erkenntnis, den Prozess der Veränderung besser anzunehmen, um künftig noch etwas freudiger und spielerischer leben zu können.

Spielerisch geht's auch jetzt im Seminar weiter. Wir gehen alle durch den Raum und konzentrieren uns dabei ganz auf unseren Körper, genauer gesagt auf die Füße, und nehmen dabei vielleicht auch zum ersten Mal ganz bewusst wahr, wie und auf welche Art und Weise wir auftreten. Stehen wir dabei mehr auf dem Fußballen oder mehr auf der Ferse? Rennen wir in unserem Leben vor den Problemen davon oder sind wir eher etwas unbeweglich? Laufen wir mit den Fußinnenseiten mehr nach außen oder nach innen, sind wir also mehr extrovertiert oder mehr introvertiert? Alle diese Dinge werden geschult, damit wir sensitiver werden und unseren Körper intensiver kennen lernen, aber auch, um uns leichter in andere Menschen hineinversetzen zu können und sie dadurch vielleicht besser verstehen zu lernen. Beim intensiven Wahrnehmungstraining werden vier unserer Sinne, das Sehen, Hören, Riechen und Fühlen, so scharf geschult, dass man sich nach einigen Tagen sogar in belebte und auch unbelebte Materie geradezu einfühlen kann.

Man kann wirklich trainieren, sich in andere Menschen, in Tiere, Pflanzen, Holz oder Metalle hineinzufühlen. Für viele mag das reichlich unwahrscheinlich klingen, aber wenn man zum Beispiel Blei erfühlt, riecht, berührt und sieht, so empfindet man es als sehr viel weicher und wärmer als etwa Stahl oder Eisen. Ein Efeublatt fühlt sich härter und kälter an als beispielsweise ein Geranienblatt. Wenn ich einmal in der Lage bin, mich in andere Menschen hineinzufühlen (gerade auch in einer Ehe oder Partnerschaft), weil ich zuvor auf diese Art trainiert habe, so werde ich dadurch auch viel verständnisvoller, kann wesentlich besser mit Momenten, die manchmal nicht so positiv sind, umgehen und bewerte beziehungsweise be- oder verurteile daher auch sehr viel weniger. Wir alle sollten versuchen, nicht so viel zu bewerten, zu urteilen und zu verurteilen. Wertfrei durch die Welt gehen heißt nicht, dass ich meine eigenen, mir gesetzten Grenzen nicht kenne, sondern dass ich mich und meine Mitmenschen, die vielleicht andere Ansichten haben als ich, trotzdem zu akzeptieren lerne und sie so annehme und sein lasse, wie sie dies wünschen. Ich kann also den anderen in seiner Welt besuchen und auch versuchen, einmal für kurze Zeit in seine »Schuhe zu steigen«. Ein altes Indianersprichwort, das im Grunde genommen alles ausdrückt, sagt: »Beurteile nicht einen anderen Indianer, bevor du nicht tausend Meilen in seinen Mokassins gelaufen bist.«

Bei vielen Teilnehmern hat nun schon das »Einfühlen« in den anderen, den »Leidensgenossen« sozusagen, begonnen, und keiner ist mehr allein mit seinen Problemen. Das Sprichwort »Geteiltes Leid ist halbes Leid« fällt mir ein, wenn ich in die erwartungsvollen Gesichter blicke. Ich erkenne auch in den Pausen und während der Übungen, wie schon ganz zarte erste Freundschaften entstehen. Schon oft haben wir beobachtet, dass nach einem solchen Seminar sehr enge Verbindungen geschlossen werden, woraus sich oft jahrelange Freundschaften entwickeln.

Langsam neigt sich der erste Seminartag dem Ende zu; aber für die Zeit vor dem Abendessen habe ich eine noch sehr intensive dynamische Meditation eingeplant, die etwa eine Stunde lang dauert.

Im Restaurant kommt dann sofort eine sehr gute Stimmung auf, denn Horst, ein Bauträger aus der Schweiz, kommt beim Eintreten in die Weinstube ins Stolpern und fällt dabei Peter, der sich gerade am kalten Buffet bedient hat, direkt vor die Füße. Peter hilft ihm mit der Bemerkung auf: »Habe ich vergessen, dir zu sagen, dass wir Heiligenschein und Engelsflügel erst am Ende des Seminars verteilen? Bitte sei so gut und verschiebe deine diversen Flugversuche doch noch bis dahin.« Natürlich brach sofort schallendes Gelächter unter den Teilnehmern aus, die allesamt nicht damit gerechnet hatten, dass es bei einem solchen Seminar so locker und lustig zugehen kann. An sich selbst zu arbeiten heißt nicht, sein Leben lang als Griesgram herumzulaufen, sondern ganz im Gegenteil wieder intensiv zu lernen, die schönen Seiten des Lebens noch mehr auszukosten. Deshalb ist nicht zuletzt auch Peter und mir daran gelegen, trotz aller ernsthaften Arbeit möglichst viel Witz und Humor einzubringen, und bis heute scheint uns dies auch ganz gut gelungen zu sein.

Doch nun wieder zurück zum Seminarablauf. Der erste

Abend endet mit einem Vortrag von Peter, und im Anschluss wird dann noch so manche aufkommende Frage bei einem guten Glas Wein beantwortet. Danach fallen fast alle todmüde ins Bett.

Der zweite Tag

Der nächste Tag beginnt mit einer Morgenmeditation um sieben Uhr früh. Auch hier entscheide ich mich immer für eine der aktiven Meditationen, um frisch und voller Energie den neuen Tag zu begrüßen. An diesem Morgen beginnen wir mit einer Chakra-Meditation. Chakren (sanskrit = Räder) sind feinstoffliche Kraftzentren im Körper des Menschen, die sich ständig drehen und Lebensenergie aus dem Kosmos sowohl aufnehmen als auch abgeben. Jeder Mensch hat sieben solcher Kraftzentren, und jedes dieser Zentren hat eine bestimmte Farbe (siehe Abbildung).

Das erste Chakra befindet sich am Steißbein zwischen Anus und Genitalien (After und Geschlechtsteile). Es wird das Basis- oder auch Wurzelchakra genannt; ihm wird die Farbe rot zugeordnet. Wenn es aktiviert wird – und bei diesen Meditationen aktivieren wir alle Chakren –, stärkt es unsere Lebensenergie, die Sexualenergie sowie Erdverbundenheit und Durchsetzungsvermögen. Das zweite Chakra, das Sakral-Chakra, sitzt oberhalb der Schamhaargrenze; seine Farbe ist orange. Es regt unsere Kreativität, die Erotik, unseren Appetit sowie die Verdauung an und bringt alles in Fluss. Unser drittes Chakra sitzt drei Zentimeter oberhalb des Nabels und wird auch das Solar-Plexus-Chakra genannt; seine Farbe ist gelb bis goldgelb. Es löst beim Aktivieren Emotionen, lindert

Depressionen und unterstützt uns bei der Verarbeitung von Gefühlen und Erlebnissen. Das vierte Chakra, das so genannte Herz-Chakra, sitzt in der Brustmitte und hat die Farbe grün. Es gleicht Körper, Geist und Seele aus und fördert sowohl Liebe als auch Heilung. Das fünfte Chakra ist das Hals- oder Kehlkopf-Chakra. Es ist blau und hat seinen Sitz in der Halsmitte. Es aktiviert und fördert Kommunikation, Selbstausdruck und Unabhängigkeit. Indigoblau beziehungsweise violett ist die zugeordnete Farbe des sechsten, des Stirn-Chakras; dieses ist angesiedelt zwischen den Augenbrauen über der Nasenwurzel und wird auch »Drittes Auge« genannt. Es belebt unsere Intuition, stärkt die Geisteskraft und aktiviert unsere übersinnliche Wahrnehmung. Das letzte und somit siebte Chakra, das Kronen- oder Scheitel-Chakra, befindet sich auf der Mitte der Kopfoberseite und stärkt unser spirituelles Wachstum und unsere Selbstverwirklichung; seine Farbe ist weiß beziehungsweise gold.

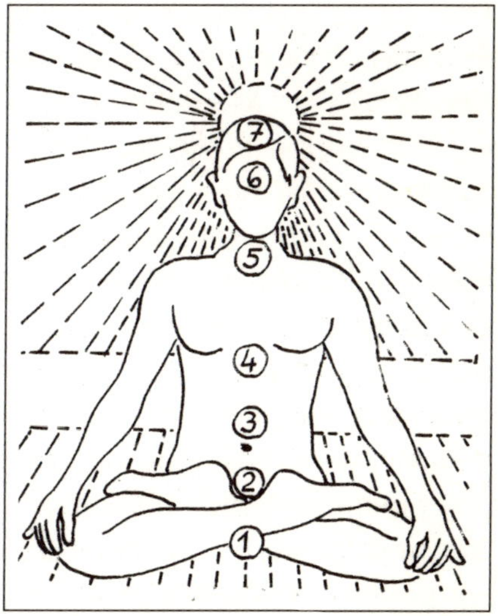

Die sieben Energiezentren des Menschen.

Bei einer entsprechenden Chakra-Meditation, wie wir sie in unseren Seminaren anleiten, werden ausnahmslos alle Chakren aktiviert, und zwar durch rhythmisches Atmen und durch gleichzeitiges Visualisieren der entsprechenden angesprochenen Körperstellen, an denen die Chakren sitzen. Eine tolle Erfahrung, denn wenn unsere Chakren in Harmonie sind, so sind auch wir harmonisch und ausgeglichen, sozusagen »in unserer Mitte«. Natürlich können das nach einer solchen Meditation noch nicht alle Seminarteilnehmer sein, denn nach Absolvieren von ein oder zwei geleiteten Meditationen ist dies auch noch gar nicht möglich. Aber wir haben ja schließlich drei Tage Zeit.

Manche schlafen schlecht

Von einigen Teilnehmern höre ich in der Frühstückspause, dass sie in der Nacht sehr gut, von anderen, dass sie eher schlecht oder gar nicht geschlafen haben. Dies ist übrigens völlig normal, denn das Unterbewusstsein reagiert bei jedem Menschen etwas anders. Oft wollen wir nämlich unsere Probleme gar nicht so genau ansehen, sondern am liebsten ignorieren und so weiterleben wie bisher. Es wäre uns recht, wenn der Therapeut ein Heilmittel, vielleicht eine Pille verabreichen würde, sodass es uns ganz schnell wieder besser geht und wir selbst nicht allzu viel dazu beitragen müssen. Leider ist das aber nicht möglich. Doch allein schon durch Affirmationen, die wir regelmäßig sprechen, können wir sehr viel erreichen; aber nicht, wenn wir diese alten Verletzungen und Muster – also den Grund unserer Probleme – ignorieren. Auflösen können wir diese Dinge nämlich

nur, wenn wir sie uns nochmals ganz genau anschauen. Deshalb müssen wir bereit sein, diese Szenen, die unsere heutigen Probleme einmal aus der Taufe gehoben haben, bewusst noch einmal zu durchleben, egal, vor wie viel Jahren oder Jahrzehnten sie sich auch abgespielt haben mögen. Nur dadurch werden wir sie endgültig los – und meist auch gleichzeitig die von ihnen ausgelösten Blockaden oder körperlichen Probleme. Vielleicht haben wir zum Beispiel als kleines Kind nicht genügend Liebe, Zuwendung oder Aufmerksamkeit von unseren Eltern erhalten. Wenn es zu Hause etwa geheißen hat: »Das kannst du sowieso nicht«, »Lass das, das kann ich viel besser als du«, »Du bist zu dumm dazu« oder ähnliches, so waren das ganz massive und inzwischen sehr tief in uns verankerte Glaubenssätze, die uns bis ins hohe Alter begleiten, begrenzen und uns schließlich krank machen können. Vielleicht haben wir uns auch als Kind manchmal vergeblich danach gesehnt, dass uns unsere Mutter ab und zu in den Arm nimmt und uns sagt, wie großartig und liebenswert wir sind. Wir können unserem inneren Kind, dem kleinen Mädchen oder dem kleinen Jungen, welches oder welcher meist heute noch hilflos in uns vorhanden ist und immer noch nach Liebe und Zuneigung sucht, nur helfen, indem wir geistig in diese Zeit zurückgehen und nochmals die Gefühle von einst aufleben lassen.
In all unseren Seminaren spreche ich deshalb auch immer entsprechende Meditationen oder Phantasiereisen, um den einzelnen Teilnehmern eine Heilung ermöglichen zu können. Diese Heilungen können manchmal sehr schnell, oft sogar schon nach einem einzigen Seminar erfolgen. Wichtig ist dann aber, dass auch wir vergeben und verzeihen können, gerade beispielsweise unseren Eltern oder Lehrern, denn auch sie haben

es einst nicht besser gewusst; auch sie haben ihre eigenen Probleme gehabt und deshalb oft aus Unwissenheit um die Beschaffenheit der Seele gehandelt. Auch sie hatten wiederum ihrerseits ein Elternhaus und dort vielleicht auch nicht das erfahren, was sie sich sehnlichst gewünscht haben.

Sexuell missbraucht

Immer wieder erscheinen in den Medien Berichte über den sexuellen Missbrauch von Kindern und Jugendlichen. Ich muss leider aus meiner Erfahrung sowohl aus den Seminaren als auch aus meinen Gesprächen in der Einzeltherapie sagen, dass viel, viel mehr Frauen solche einschlägigen Erfahrungen gemacht haben als Männer. Es muss auch nicht immer der Vater oder Großvater Geschlechtsverkehr gefordert haben; es genügt oft schon – und auch das ist Missbrauch –, dass der Nachbar den Oberschenkel oder die Geschlechtsteile bei dem kleinen Kind gestreichelt hat und dass es dafür dann Süßigkeiten gab. Man hat also etwas dafür bekommen, dass man »brav« war. Ich kenne aus meiner eigenen Praxis einen solchen Fall, den ich Ihnen in diesem Zusammenhang ganz kurz schildern möchte.
Ein kleines Mädchen bekam immer dann Schokolade von einem Nachbarn, wenn dieser sie berühren durfte. Dieses Kind hat von diesem Zeitpunkt an seinen Gürtel und sogar die Gummis seiner Unterhose jeden Tag so eng zusammengezogen, dass richtige Striemen am Körper zurückblieben. Auch dieser Missbrauch wurde erst in einer Trancereise aufgedeckt: Der Deckel, der jahrelang darauf lag, wurde also abgenommen, und dadurch

konnte eine Heilung stattfinden. Wenn so etwas in einem Seminar an die Oberfläche gespült wird, ist danach natürlich unbedingt eine Einzeltherapie bei einem erfahrenen Psychologen erforderlich. Überhaupt sagen wir alle immer wieder den Teilnehmern, dass massive Probleme niemals durch ein einziges Seminar oder durch Affirmationen und Suggestionen geheilt werden können, sondern nur und ausschließlich durch eine richtige Therapie.

Doch nun zurück zum Samstagmorgen. Nach dem Frühstück geht es erst einmal in die nächste Tanzrunde. So manch einer spürt inzwischen schon seine »Wadln«, aber alle empfinden die Tanzerei als sehr befreiend und haben viel Spaß miteinander. Nach einigen Interaktionen, in denen wir immer versuchen, den jeweils anderen aus seinem selbst gewählten Versteck zu locken, spreche ich dann einige geführte Meditationen, die uns wieder zu unserem Höheren Selbst – unserem inneren Zentrum – führen.

Nach der nächsten »Pipi«-Pause geht es dann weiter mit einer ganz simplen, aber für alle hochinteressanten Malübung. Jeder soll dabei seine ganz persönliche momentane Stimmungslage zu Papier bringen. Wir unterstützen diese Übung zusätzlich durch stetig wechselnde Musikstücke aus allen Bereichen wie beispielsweise Klassik, Pop, Bubble-Gum, Rock, Walzer, Deutsche Schnulzen und so weiter. Dies führt bei den Teilnehmern zu sehr starken Stimmungsschwankungen, welche sich dann direkt im gerade entstehenden Bild niederschlagen. Manche malen ganze Landschaften, andere Tiere, die Sonne, den Mond oder Begebenheiten aus ihrem Leben. Auch hier gilt als oberstes Gebot: Niemals bewerten! Denn jeder drückt seine momentanen Gefühle anders aus, eben weil wir alle verschieden sind. Danach besprechen wir all diese Bilder wieder in kleineren Gruppen. Es ist interessant zu sehen, was alles gemalt oder gezeichnet wurde und wie sich die verschiedenen Musikstücke in den Bildern niedergeschlagen haben. Auf jeden Fall ist es eine schöne Übung, die einen bleibenden Eindruck bei allen Teilnehmern hinterlässt.

Möchten Sie zu Hause auch einmal eine solche Übung machen? Wenn ja, dann holen Sie sich am Ende dieses Kapitels einfach ein Blatt Papier und einen Stift und setzen sich ganz bequem an einen Tisch. Schließen Sie die Augen und zeichnen Sie Ihr Gesicht, das Sie ja zeit Ihres Lebens täglich im Spiegel betrachten, auf das Papier. Öffnen Sie während dieser Übung auf gar keinen Fall Ihre Augen. Erst wenn Sie der Meinung sind, dass das Bild wirklich fertig ist, können Sie diese wieder öffnen und Ihr Kunstwerk betrachten. Sie werden erstaunt sein, was Ihnen vom Papier alles entgegenschaut. Haben Sie auch nichts vergessen? Sind Augen, Augenbrauen, Nase und Mund vorhanden, und vor allem: Ist alles an den richtigen Stellen? Haben Sie vielleicht etwas zu zeichnen vergessen? Überlegen Sie einmal, warum. Vielleicht fehlen die Ohren. Wollen Sie manche Dinge vielleicht nicht hören? Oder vergaßen Sie gar, die Augen zu malen? Was wollen Sie nicht sehen? Sie merken schon, was eine so kleine und denkbar einfache Übung alles bewirken und aufdecken kann.

Sonja

Nach einem genüsslichen Mittagessen, das – wie bereits erwähnt – in der Weinstube des Hotels stattfindet, gehen viele von unseren Teilnehmern noch ein wenig in dem gleich um die Ecke liegenden Kurpark spazieren oder halten ein Mittagsschläfchen. Einige nützen die Pause auch zu einem Gespräch über ihre jeweils eigenen Problematiken, Wünsche oder Ziele. Da ist zum Beispiel Sonja aus Österreich, seit fünfzehn Jahren verheiratet, zwei Kinder. Sonja ist 49 Jahre jung und wohnt mit ihrem Mann und ihrem Sohn in einem wunderschönen Haus. Ihre Tochter ist 26 Jahre alt und hat vor zwei Jahren die Familie verlassen, um sich selbstständig zu machen. Sonja führt eine, wie sie sagt, erbärmliche Ehe; sie ist an diesem Wochenende zum ersten Mal seit fünfzehn Jahren ganz alleine weggefahren. Zu Hause wird stets nur das gemacht, was ihr Mann will, denn er bringt ja schließlich das Geld nach Hause. Sonja bäckt seit fünfzehn Jahren – ja Sie lesen richtig, seit fünfzehn Jahren – jeden Mittag einen Kuchen für ihren Mann, den die Familie allerdings erst dann zu essen hat, wenn der Herr geruht, nach Hause zu kommen. Sie erzählte mir, dass sie früher, als die Kinder noch klein waren und sie mit ihnen einmal ins Schwimmbad wollte, immer gegen siebzehn Uhr zu Hause sein musste, weil ihr Mann partout nicht auf dieses »Kuchenritual« verzichten wollte.

Manchmal ist ihr und auch den Kindern der Bissen deshalb fast im Halse stecken geblieben. Sonja kam sehr scheu, leicht nach vorne gebeugt und mit tiefen, dunklen Rändern um die Augen am gestrigen Tag hier an. Fast konnte man meinen, sie hätte sich mit ihrer Situation schon endgültig abgefunden. Aber immerhin hat sie es geschafft, einmal etwas ganz alleine zu unternehmen und bereits dies ist etwas, auf das sie schon sehr stolz war. Mit diesem Erfolgserlebnis im Rücken startete sie nun also ins Seminar, welches ein großer Erfolg und ein neuer Anfang für sie werden sollte.

Beate

In den Pausen steckt Sonja sehr oft mit Beate zusammen. Beate kommt aus Norddeutschland und hat eine sehr schlimme Jugend hinter sich. Sie muss ihre Eltern bis zum heutigen Tag ausschließlich in der dritten Person ansprechen, wie zum Beispiel: »Herr Vater, wie geht es Ihnen?« Gekuschelt oder geschmust wurde zu Hause nie, und als Kind bekam sie, wie sie sich ausdrückte, mehr Prügel als etwas zu essen. Jeden Abend erstattete Beates Mutter dem Vater einen genauen Bericht über die »Schandtaten« der Tochter, und danach übernahm dieser dann die notwendige Züchtigung der »ungehorsamen Göre«. Um die fast täglichen Erniedrigungen zu ertragen, begann Beate eines Tages ohne Wissen der Eltern zu trinken, was von diesen auch jahrelang nicht bemerkt wurde. Später, als sie mit 18 Jahren endlich aus dem Elternhaus auszog und bald darauf ihren Mann kennen lernte, hat sie dann wieder mit dem Trinken aufgehört. Beate ist 39 Jahre alt und hat einen Sohn; allerdings ist ihre Ehe vor etwa einem Jahr zerbrochen. Heute lebt sie allein in einer Großstadt und fühlt sich sehr einsam, denn sie hat auch keinen Bekanntenkreis mehr, weil die meisten der früheren Freunde bei ihrem Ex-Mann, der inzwischen wieder eine Freundin hat, hängen geblieben sind. Beate kam, wie fast alle unserer Gäste, durch Peters Bücher zu uns und hofft, ihr momentan sehr eintöniges Leben durch die Teilnahme an diesen drei Tagen etwas positiver gestalten zu können. (In diesem speziellen Falle geschah dann sogar eine Art kleines Wunder, denn in unserem Seminar war auch Norbert, der sich nicht nur sehr um Beate bemühte, sondern heute auch mit ihr zusammenlebt, und wie wir erfahren haben, scheinen beide sehr glücklich zu sein.)

WEGE ZU LEBENSFREUDE,
HARMONIE UND ERFOLG
Bücher, die helfen

Susanne, Claudia und Manfred

Ganz anders dagegen Susanne, eine Geschäftsfrau aus der näheren Umgebung; groß, dunkelhaarig, attraktiv und sehr selbstsicher. Sie kam gleich zu Anfang des Kurses auf mich zu und erklärte mir, dass sie ganz einfach einmal etwas für sich selbst habe tun wollen und anstatt auf eine Schönheitsfarm zu gehen, mache sie diesmal eben eine »innere Schönheitskur«. Da ist aber auch Claudia, eine 26-jährige, sehr zerbrechlich wirkende Frau. Ihre langjährige Beziehung mit ihrer Freundin ist vor einigen Tagen geplatzt wie eine Seifenblase. Claudia ist bisexuell und hatte über einige Jahre hinweg eine Beziehung mit einer 44-jährigen Frau, von der sie völlig beherrscht wurde. Hilflos wie ein kleines Kind, das noch nicht richtig begriffen hat, was geschehen ist, steht sie am Anfang des Seminars vor mir. Die ganze Zeit über sagte ihr ihre Freundin, was sie zu tun hatte, und nun ist sie plötzlich wieder auf sich selbst gestellt. Claudia, die selbst sehr gut zuhören kann, sitzt viel bei Manfred, der beruflich sehr große Probleme hat; er ist verheiratet, hat zwei Kinder und arbeitete bisher recht erfolgreich als freier Immobilienmakler. In den letzten Jahren ging das Geschäft aber immer schlechter, und seit etwa einem halben Jahr stagniert es fast gänzlich. Er ist deshalb völlig verzweifelt und rast nun von einem Seminar zum anderen, ohne dass sich Entscheidendes tut. Obwohl er allerlei Ausreden parat hat, hat er bereits selbst erkannt, dass er, wie auch alle anderen, die im überkommenen »Scheuklappendenken« immer nur im Außen den Ursprung ihrer Probleme suchen, damit völlig auf dem Holzweg ist. Überhaupt kommen viele Geschäftsleute zu uns, die ebenfalls genau diesem ewigen Teufelskreis des Selbstbetruges entrinnen wollen.

Lottosucht

Kurz bevor ich auf mein Zimmer gehen und mich frisch machen will, fängt mich noch Helga vor dem Fahrstuhl ab. Sie ist zusammen mit ihrem Mann angereist, der allerdings nicht am Seminar teilnimmt und inzwischen Freunde in Rothenburg ob der Tauber besucht. Helga hat völlig abgebissene Fingernägel und wirkt auf mich nicht nur sehr unkonzentriert, sondern auch unendlich traurig. Sie bittet mich deshalb um ein Einzelgespräch. Da ich nicht allzu viel Zeit habe, gehen wir gleich um die Ecke in einen leeren Nebenraum. Helga erzählt unter Tränen, dass sie seit einiger Zeit, genauer gesagt seit vier Monaten, etwa 100 000 Mark verspielt hat. Verspielt, indem sie fast täglich Lottoscheine ausfüllte und dabei ständig das Gefühl hatte, die Zahl neben der von ihr angekreuzten wäre es, die zum ersehnten Gewinn verhelfen würde. Es war ihr bisher nicht möglich, damit aufzuhören, obwohl es zu Hause deshalb ständig Streit gibt und das Verhalten ihres Mannes ihr gegenüber von Unfassbarkeit und Sprachlosigkeit bestimmt ist. Helgas Gedanken kreisen ununterbrochen um das Spiel. Sie weiß nicht mehr ein noch aus. Ihr Mann hat inzwischen alle Konten gesperrt und hofft, dass Helga bald wieder zu sich kommt. Hierzu muss man wissen, dass Sucht, egal welcher Art, immer mit Unzufriedenheit zu tun hat. Helga weiß, dass es so nicht weitergehen kann. Etwas zu wissen, ist aber eine Sache, die Erkenntnisse ins Leben zu integrieren aber wiederum eine ganz andere.

Das hat auch Albert erfahren müssen, den Helga zu unserem Gespräch mitnahm, weil er ihre Geschichte inzwischen sehr gut kannte. Albert ist ein hochintelligenter Mann, der aber über eine Scheidung und das damit verbundene Auseinanderleben mit seiner kleinen

Tochter nicht hinwegkommt. Er möchte das Kind gerne viel öfter sehen, aber seine Ex-Frau wohnt sehr weit weg und verweigert aus Scheingründen immer wieder das Zusammentreffen zwischen Vater und Tochter. Albert mag auch nicht mehr gerne alleine leben und sucht verzweifelt nach einer neuen Partnerin. Auf meine Frage nach dem »Warum« bekomme ich eine Antwort, die ich aus vielen Gesprächen mit geschiedenen Männern kenne: Er hat einfach keine Lust mehr, allein zu sein. Niemand kocht für ihn, niemand wäscht seine Wäsche, bügelt die Hemden und putzt die Wohnung. Kurzum, seine Grundbedürfnisse werden nicht mehr gestillt. Ich habe beispielsweise noch nie eine geschiedene Frau erlebt, die so argumentierte, aber sehr viele Männer stehen dann, wenn ihre Frauen sie verlassen haben, vor genau diesem Problem.

Alles hängt an einem einzigen Kettenglied

Wir alle bilden immer in unserem Geist eine Art Kette aus Dingen, die uns wichtig erscheinen; wenn dann allerdings ein Glied dieser Kette bricht – und das geschieht recht oft –, geht nach unserem Verständnis meist sofort das Ganze in Stücke, und all unser Glück scheint dahin zu sein. Allein wegen eines einzigen zerbrochenen Gliedes haben also plötzlich alle anderen auch ihren Wert verloren, so meinen wir zumindest, ohne dabei zu berücksichtigen, dass alle anderen Teile dieser Kette immer noch bestens und intakt sind. Es braucht also nur das Geringste schief zu gehen, und gleich meint der Mensch, seine Welt breche deshalb total zusammen. Wichtig ist deshalb, dass Verluste dadurch, dass wir sie als unabänderlich akzeptieren, uns oft gerade die Wege öffnen, die ihrerseits wieder neue Befriedigung in unser Leben bringen werden.

Anmerkung des Autors:

Sollten Sie, meine lieben Leser, vielleicht noch ein paar Fragen zum Seminar selbst haben bzw. gerne wissen wollen, welche Therapiemöglichkeiten es gibt, um Ihre ganz persönlichen Probleme und Schwierigkeiten oder auch die Ihrer Kinder, Angehörigen und Freunde zu lösen, so können Sie sich gerne telefonisch von Montag bis Freitag in der Zeit von 10.00 Uhr bis 17.00 Uhr an eine meiner zwei Therapeutinnen wenden.

Sie können Ihr Anliegen aber auch gerne schriftlich (möglichst knapp und prägnant) bei einer der Damen vorbringen. In diesem Fall legen Sie bitte den Betrag von DM 20,-- / SF 20,-- oder ÖS 150,-- als Unkostenbeitrag bei, damit Monika oder Regina Sie dann innerhalb von 10 Tagen zurückrufen und entsprechend beraten können. Hier die Adressen meiner Therapeutinnen:

Deutschland:

Monika Junghanns
Wittelsbacher Straße 5
D-82319 Starnberg
Tel.: (0 81 51) 99 86 77
Mobil: 0172 5 62 66 60

Österreich:

Regina Steininger
Hohe Warte 43 b
A-1190 Wien
Tel.: (01) 3 70 22 97
Mobil: 0664 4 32 93 24

8. Kapitel

Weiter geht's

- Die Gruppendynamik ist wichtig
- Die linke und die rechte Gehirnhälfte
- Schöpfung entsteht durch Vision
- Belohnung
- Dritter, letzter Seminartag
- Wie erklärt man zu Hause ein solches Seminar?
- Veränderungen
- Der Abschied
- Die letzte gemeinsame Mahlzeit
- Einer der großen Denkfehler unserer heutigen Zeit
- Unsere nicht aufgelösten Ängste sind die Ursachen späterer Krankheiten
- Wir sind selbst verantwortlich

Die Gruppendynamik ist wichtig

Inzwischen hat sich schon eine intensive Gruppendynamik gebildet, die sehr viele Erkenntnisse auslöst und für die einzelnen Teilnehmer äußerst wichtig ist, um ihre ganz persönliche Hürde noch besser nehmen zu können. Die Tür wird sich nämlich immer nur für den öffnen, der bereit ist, den dafür notwendigen und entscheidenden Schritt weiterzugehen. Erfolg oder Versagen ist immer nur das Ergebnis unserer geistigen Einstellung gegenüber den Dingen – niemals das unserer geistigen Fähigkeit.

Die linke und die rechte Gehirnhälfte

Wie Sie wahrscheinlich wissen, verfügt der Mensch über zwei Gehirnhälften; unsere linke Großhirnhälfte, auch Hemisphäre genannt, ist zum Beispiel spezialisiert auf rationales und logisches Denken, Lesen sowie auf Gedächtnis, Worte, Sprache, verbale Kommunikation, Fakten und das Erfassen von Details. Das rechtsseitige Zentrum hingegen denkt in Bildern, sorgt für den Gesamtüberblick und ordnet allem Erlebten seinen spezifischen Gefühlswert zu. Diese rechte Gehirnhälfte enthält das Gedächtnis für alles, was wir mit unseren physischen Augen sehen; sie versorgt uns mit Ideen und kreativen Impulsen. Visuelles Denken, Emotionen, Musikalität, Personengedächtnis und Erlebnisse werden also der rechten Gehirnhälfte zugeordnet. Beide Hemisphären in Gleichklang zu bringen, wäre das Ideale; bei uns in der westlichen Welt wird jedoch die linke Gehirnhälfte etwas stärker genutzt als bei Menschen in der östlichen Welt, beispielsweise Indien oder Nepal. Im Seminar versuchen wir deshalb, die Teilnehmer durch entsprechende Übungen immer mehr in ihren rechten Bereich zu bringen, damit wieder mehr ganzheitliches Denken möglich wird.

Schöpfung entsteht durch Vision

Nicht in Maschinen, Computeranlagen oder Software liegt die Zukunft des Fortschrittes, sondern in uns selbst, indem wir unsere eigene, positive Entfaltung unterstützen und damit neue Energien freisetzen. Denn wenn wir das tun, was wir gerne tun, so müssen wir auch automatisch erfolgreich damit sein. Wie schon erwähnt ist Lebensenergie unser eigentlicher Motor, und sie steht uns immer dann voll zur Verfügung, wenn wir selbst in unserer Mitte sind, weil sich in diesem Fall erst unser inneres Potenzial erfolgreich nach außen entfalten kann. Positive Lebensenergie gibt uns Vorstellungs-, Entscheidungs- und vor allem Umsetzungskraft und bringt uns unserer eigentlichen Lebensaufgabe sehr viel näher. Schöpfung kann nur durch Vision entstehen, und der Ursprung jeder Schöpfung ist zunächst auch die Vision. Sie ist das geistige Abbild und somit ein metaphysischer Prozess der Selbsterfüllung beziehungsweise der Selbstverwirklichung. Deshalb lassen Sie sich bitte nie in Versuchung führen, einem anderen etwas von seinem persönlichen »Kuchen« abschneiden zu wollen. Helfen Sie vielmehr mit, selbst einen größeren Kuchen backen zu können, denn durch Konkurrenzdenken, Neid und Missgunst graben wir uns alle nur unser eigenes Grab.

Belohnung

Im Seminar sind wir inzwischen an einem Punkt angelangt, an dem wir uns für die Arbeit, die wir bisher geleistet haben, auch belohnen wollen. Sich selbst belohnen heißt nun aber keinesfalls, sündhaft teure Dinge kaufen zu müssen, sondern vielmehr einmal das zu tun, was man schon lange einmal tun wollte: vielleicht ein langersehnter Besuch bei einer Kosmetikerin, ein Abend in der Sauna, eine Theaterkarte oder irgendetwas anderes, was man sich schon lange einmal gönnen wollte. Nicht kochen zu müssen kann zum Beispiel für eine Frau geradezu ein Festival sein. Wichtig ist einfach, ganz bewusst wieder für sich zu sorgen und somit auch anzuerkennen, dass wir uns selbst lieben. Eine Affirmation, die dazu passt und die Sie täglich nicht oft genug sprechen können, lautet: »Ich liebe mich so, wie ich bin, und ich sorge immer sehr gut für mich.«
Den Samstagabend beschließen wir daher meist sehr festlich und belohnen uns, wie gesagt, für die bis dato geleistete Arbeit.

Dritter, letzter Seminartag

Der Sonntag beginnt ebenfalls um sieben Uhr früh mit einer Morgenmeditation und dient auch dazu, sich mit den anderen Teilnehmern über deren Eindrücke der letzten Tage auszutauschen, zum Beispiel darüber: »Wie habe ich die anderen Teilnehmer empfunden, und was möchte ich ihnen mit auf ihren weiteren Weg geben?« Dieser Austausch findet aber nicht vor der Gruppe statt, sondern jeder spricht mit jedem unter vier Augen.

Wie erklärt man zu Hause ein solches Seminar?

Wenn sich dann das Ende des Seminars nähert und jeder wieder in seinen Alltag zurückkehrt, werden manche von ihrer Familie, von Freunden oder Bekannten gefragt werden: »Na, wie war es denn?« Man sollte aber besser erst gar nicht versuchen, ein solches Seminar zu erklären. Peter sagt beispielsweise am Schluss immer: »Wenn es euch gefallen hat, so schickt uns bitte eure Freunde – wenn nicht, eure Verwandten«, denn eines ist gewiss: Nach einem derartigen inneren Prozess werden Sie alle nicht mehr dieselben sein wie zwei Tage zuvor. Im Außen hat sich vielleicht »noch« nichts verändert, aber Sie selbst haben sich bereits verändert. Wenn wir den geistigen, den spirituellen Weg gehen, werden in der Regel ganz andere Dinge wichtig als beispielsweise der neueste Klatsch, die nächste Party oder die abgefahrenste Mode. Wir sind uns nämlich persönlich viel näher gekommen und haben deshalb damit aufgehört, unser Glück ausschließlich im Außen zu suchen, weil wir tief in uns erkannt haben, dass es das letztendlich nicht sein kann.

Wenn wir den Weg der Erkenntnis gehen wollen, so kann dieser Weg durchaus ab und an etwas steinig sein, was aber nicht unbedingt sein muss. Ich persönlich glaube eben nicht daran, dass wir nur durch Entbehrung und Leiden zu tieferen Erkenntnissen kommen; ich glaube, dass jeder Mensch das für sich zu entscheiden hat und dass sein Glaube an eine höhere Macht, wie Gott, Jesus, Buddha, Mohammed oder an wen auch immer wir glauben, uns mit Sicherheit durch die Dunkelheit ins Licht führen wird. Das Göttliche in uns zu erkennen und lieben zu lernen, ist das Wichtigste überhaupt im Leben. Die Liebe ist nun einmal der größte

Heiler auf dieser Welt, und den Weg ins Licht – ins Glück – bestimmen wir alle letztendlich selbst. Wir werden ihn aber niemals im Außen, sondern nur in uns selbst finden.
Es werden nach einer gewissen Zeit auch ganz neue Menschen auf uns zukommen, und »zufällig« werden wir immer mehr Leute treffen, die sich ebenfalls mit diesen Themen auseinander setzen. Ich weiß von mir selbst, dass die Freundschaften, die sich aus solch neuen Begegnungen entwickeln, in der Regel viel, viel tiefer, viel offener und sehr viel ehrlicher sind als alle anderen vorhergegangenen.

Veränderungen

Wenn Peter und ich am Ende des Seminars dann in die Runde schauen, so können wir nach diesen zwei Tagen sehr deutlich Veränderungen in den Gesichtern und im »Sich-Geben« bei sehr vielen erkennen. Die meisten strahlen Harmonie, Geordnetheit und Freude aus, und das bedeutet auch Freude für Peter und mich. Gerade immer wieder zu sehen, dass Veränderungen in so kurzer Zeit wirklich jedem möglich sind und dass es bei manchen nur noch dieses Anstoßes bedurft hatte, um sich selbst zu finden und ab sofort wesentlich erfolgreicher im Berufs- oder Privatleben zu agieren, ist auch für uns immer wieder aufs Neue faszinierend.
In diesen Momenten bin ich auch sehr dankbar, dass es uns allen gelungen ist, die Gruppe ein Stück auf ihrem Weg begleitet zu haben und vor allem, dass wir alle gemeinsam dieses Stück zusammen gehen durften. Mein Dank gilt hier vor allem unserer Co-Therapeutin

Anni, die mir nicht nur Kollegin, sondern zwischenzeitlich auch eine sehr gute Freundin geworden ist und die mit ihrem Wissen, ihrer Ausstrahlung und ihrer guten Laune immer eine sehr kompetente Gesprächspartnerin für unsere Teilnehmer darstellt.

Zum Abschluss hält Peter dann noch einen Vortrag und beantwortet im Anschluss daran Fragen. Auch er weist nochmals darauf hin, dass nur eine konstante Arbeit mit dem Unterbewusstsein langfristig gute Ergebnisse bringen kann; und wenn ich konstant sage, dann meine ich nicht eine oder zwei Stunden pro Woche, sondern täglich mindestens zwei Mal fünfzehn Minuten. Schon diese kurze Zeit genügt, um Veränderungen wie mehr Harmonie, Ausgeglichenheit, Liebe, Verständnis oder Gesundheit in unser Leben zu bringen.

Beginnen Sie Ihren Tag mit Gedanken der Dankbarkeit für alles, was Sie sich nur denken können, und nehmen Sie sich auch bewusst die Zeit für eine Tagesvorschau. Visualisieren Sie den vor Ihnen liegenden Tag als vierundzwanzig harmonische Stunden. Vielleicht haben Sie auch Zeit für eine Meditation; wenn nicht, sprechen Sie einfach mehrmals Ihre Affirmationen. Wenn Sie sich zum Beispiel um die Mittagszeit nur ein paar Minuten sammeln und sich Ihr Ziel bildlich ins Gedächtnis rufen, haben Sie in Ihrem Berufsleben bereits einen viel besseren Ausgangspunkt als jemand, der permanent nur auf Kampf und Konkurrenzdenken ausgerichtet ist. Am Abend, bevor Sie ins Bett gehen, sollten Sie den Tag noch einmal im Geiste Revue passieren lassen, um sich danach mit Gedanken an Ihre Wünsche und mit Dankbarkeit für das bisher Erhaltene Ihren Träumen hinzugeben. Sie werden aber auch feststellen, dass Sie mit solch positiven Gedanken besser einschlafen können und sich am nächsten Morgen viel erholter fühlen werden.

Der Abschied

Nach einer geführten Schlussmeditation, die uns wieder aufs »feindliche Leben« draußen in der so genannten »realen Welt« vorbereitet, kommt dann der Zeitpunkt des Abschieds und somit auch das Ende des Seminars. In diesen drei Tagen hat sich bei fast allen Teilnehmern eine große Gruppengemeinsamkeit aufgebaut, und der Abschied fällt deshalb vielen sehr schwer. Jeder geht nun wieder seinen eigenen Weg, und so mancher hat schon den Entschluss gefasst, bald einmal wiederzukommen, um seine neuen Erfahrungen mit uns und anderen Teilnehmern wieder austauschen zu können.

Die letzte gemeinsame Mahlzeit

Das Mittagessen lockt unterdessen wieder mit allerlei Köstlichkeiten. Wenn Peter und ich dann den Seminarraum wieder aufgeräumt und unsere Sachen ins Auto verfrachtet haben, sitzen meist immer noch einige Grüppchen im Restaurant, die sich einfach nicht voneinander trennen können. Peter und ich trinken noch eine Tasse Kaffee, bevor wir uns endgültig von den anderen verabschieden.
Laotse sagt: *»Der Weg ist das Ziel«*, und den werden wir drei, Peter, Anni und ich – zwar privat unterschiedlich, im Denken aber sicherlich noch lange gemeinsam – gehen, und bereits in vier Wochen wird wieder ein Freitag kommen, an dem um 14 Uhr dann ein neues Seminar beginnt. Soweit also Monika Junghanns mit einer, wie ich finde, sehr verständlichen und aufschlussreichen Beschreibung unserer Drei-Tages-Aktiv-Seminare.

Einer der größten Denkfehler unserer heutigen Zeit

Warum aber, so fragen Sie sich jetzt vielleicht, sollte ein solches Drei-Tages-Aktiv-Training wesentlich mehr bewirken als beispielsweise andere Erfolgsseminare? Nun, ganz einfach, weil ein jeder Mensch eine ganz eigene Individualität und Persönlichkeitsstruktur besitzt. Die meisten der heutigen Erfolgstrainer aber erzählen ihren Teilnehmern in der Regel lange und ausführlich, wie sie es selbst geschafft haben, erfolgreicher, gesünder oder auch glücklicher zu werden und meinen, genau jenen Weg, den sie selbst »gehen durften«, zur Nachahmung empfehlen zu müssen. Sehen wir uns aber einmal genau an, was in Wirklichkeit dabei herauskommt, wenn man meint, andere kopieren zu müssen, um die eigenen persönlichen Ziele schneller erreichen zu können.
Nehmen wir einmal an, Sie würden jeder Schnittblumensorte, die hier in unseren westeuropäischen Breiten wächst, ein kleines Samenkörnchen entnehmen und alle diese Samenkörnchen hübsch und säuberlich nebeneinander aufreihen. Nun beauftragen Sie eine langstielige dunkelrote Baccararose, all diesen verschiedenen Blumen einen eintägigen Vortrag darüber zu halten, wie schön es ist, eine Baccararose zu sein und wie man es am geschicktesten anstellt, selbst zu einer solchen Rose zu werden. Sie redet also jedem dieser verschiedenen Blumensamen ein, er bräuchte nur in dieselbe Richtung zu denken und geistig zu arbeiten wie sie – und schon könne auch er zu einer schönen und langstieligen Baccararose werden. Danach pflanzen Sie dann all Ihre auf diese Weise »geschulten« Samenkörner in die Erde und warten, was passiert. Natürlich – und das ist auch Ihnen völlig klar – wird jede Pflanze nur nach ihrer Art wach-

sen und gedeihen können – ganz egal, was die Baccararose auch alles erzählt hat. Und wenn Sie wirklich den Samen einer jeden Schnittblume zusammengetragen haben, so wird sich mit Sicherheit irgendwo auch eine Baccararose darunter befinden, die sich genauso entwickelt hat, wie es im damaligen »Rosen-Erfolgs-Seminar« als erstrebenswertes Ziel von der »Trainerin« vorgegeben wurde. Ist aber nicht auch eine Nelke, eine Aster, eine Lilie oder eine Gerbera etwas Einmaliges und Wunderschönes und kann sie nicht ihre eigene unvergleichliche Schönheit entfalten sowie die prächtigsten Farben und den betörendsten Duft entwickeln?
Als Sie einst noch als feinstoffliche körperlose Seele im so genannten Jenseits Ihre heutige Umgebung, Ihre Eltern, Ihre Geschwister, Ihr soziales Umfeld und Ihre Lebensaufgabe ganz bewusst ausgesucht haben (genau so läuft es in Wirklichkeit nämlich), haben Sie unter anderem auch klar festgelegt, wann, an welchem Tag und zu welcher Stunde Sie in einem Körper aus Fleisch und Blut in diese Welt kommen werden, um anhand der zu diesem Zeitpunkt astrologisch spezifischen Charaktereigenschaften – Talente, Fähigkeiten, Neigungen, Abneigungen und so weiter – die richtige Startposition für dieses Erdenleben einnehmen zu können. Wie individuell der einzelne Mensch nämlich ist, besagt unter anderem eine wissenschaftliche Studie, nach der die Chance, dass jemand genauso ist, wie Sie, 1 : 50 Milliarden beträgt. Bedenken Sie in diesem Zusammenhang aber bitte, dass es nur etwa sechs Milliarden Menschen auf dieser Welt gibt. Sie sind also ein ganz einzigartiges, großartiges Individuum, das man gar nicht mit anderen Menschen vergleichen kann. Auch die Kindheit und Jugend eines jeden Menschen verläuft bekanntlicherweise sehr individuell. Der eine erlebte mit 15 Jahren

einen Schock, weil die Eltern bei einem Unfall ums Leben kamen, der andere wird vielleicht durch den Onkel oder den Nachbarn sexuell missbraucht, betatscht oder von einem betrunkenen Vater permanent verprügelt. Ein Dritter wird von den Eltern – weil er nicht brav war – zur Strafe stundenlang in einen dunklen Raum gesperrt. Wieder ein anderer demütigt und drangsalierte seine Mitschüler, nur weil er das Glück hatte, der Stärkste und Kräftigste der Klasse sein »zu dürfen«.

Jeder macht also seine ganz ureigenen individuellen Lebenserfahrungen und sein Unterbewusstsein – das ja wie eine Videokamera oder ein Tonband alles aufzeichnet und speichert, was in diesem Leben passiert – wird auf diese Art und Weise ganz individuell konditioniert. Jeder – und ich betone nochmals: jeder – Mensch ist aus diesem Grund mit anderen Ängsten, Phobien, Schocks und Blockaden aller Art vollgestopft und hat im Laufe der Zeit ganz eigene spezielle Erfahrungen gemacht. Selbst wenn ein jeder nun einen eigenen Hypnosetherapeuten engagieren würde, der täglich mit ihm an der Auflösung von Ängsten und Blockaden aus der Kindheit und dem Babyalter arbeitet, so würde es Jahrzehnte dauern, damit alle so angehäuften unterbewussten Negativpotenziale wieder beseitigt und ausgeräumt werden könnten.

Unsere nicht aufgelösten Ängste sind die Ursachen späterer Krankheiten

Jede Verletzung, jede Angst, jede Phobie aber lagert sich mit der Zeit auch in unserem physischen Körper, speziell in den Muskelschichten und Organen ab, und wenn diese Ängste nicht aufgelöst werden, manifestieren sie sich mit der Zeit zwangsläufig als Krankheit in einem unserer Organe, denn Energie kann niemals verloren gehen. Nicht umsonst sind viele alte Menschen mehr in Arztpraxen als zu Hause anzutreffen, eben weil das vorher beschriebene Negativpotenzial sich schon längst als Krankheiten und körperliche Störungen in ihren Körpern manifestiert hat. Es ist also unendlich wichtig, den alten Seelenmüll, die alten Verletzungen in unserer Gefühlswelt aufzulösen und so Platz, Raum und Entfaltungsmöglichkeiten für neue, positive Erfolgsprogramme zu schaffen, damit diese auch greifen und wirken können.

Genau dies ist auch das Ziel unseres Trainings. Wir hatten meines Wissens in den ganzen neun Jahren, seit wir diese Arbeit nun schon machen, noch nicht einen einzigen Teilnehmer, der anschließend nicht höchst verwundert gewesen wäre, wie gelöst und frei er sich nach einem solchen Training fühlt. Allerdings hatten wir des Öfteren einige dabei, die in den ersten Stunden des Seminars ernsthaft mit dem Gedanken spielten, aufzustehen und sich nach Hause »zu flüchten«. Dies liegt aber nicht daran, dass wir irgendwelche furchtbaren und peinlichen Übungen machen lassen, sondern es ist der innere Schweinehund des Einzelnen, der ganz genau spürt und fühlt, dass es ihm in diesen drei Tagen an den Kragen geht und sich deshalb mit allen ihm zur Verfügung stehenden Mitteln zur Wehr setzt. Ein Teilnehmer erzählte mir einmal, dass er während einer Kaffeepause schon die Reisetasche gepackt hatte (natürlich ohne uns vorher darüber zu informieren, um feige wie ein Dieb in der Nacht nach Hause zu verschwinden). Erst als seine Frau, die er vom Hotel aus noch kurz anrief, um ihr zu sagen, dass er bald schon wieder zu

Hause sei, ihm dann die Frage an den Kopf warf: »So, dann flüchtest du also wieder einmal, wie so oft schon, vor dir selbst?«, entschloss er sich dann doch zu bleiben und bis Sonntag durchzuhalten, was er im Nachhinein mit Sicherheit nicht bereut hat.

Wir selbst sind verantwortlich

Wir alle suchen doch nach dem Lebenserfolg schlechthin und wir alle können ihn auf unserem ureigenen Weg und nach unserem ganz persönlichen Lebensplan auch finden, schließlich haben wir auf Seelenebene dieses heutige Leben ja selbst geplant. Aber wir müssen damit aufhören zu glauben, man müsste dazu den Weg irgendeines anderen Menschen, der vielleicht da vorne auf der Bühne »herumkaspert«, kopieren. Auch er kann immer nur an und mit sich selbst arbeiten. Genau diesen individuellen Weg aber zu finden und durch intensives innerliches »Aufräumen« Platz für das Neue und Positive zu schaffen, ist eine der Hauptvoraussetzungen überhaupt für jeden, dem der Erfolg bisher noch nicht mühelos zuflog wie die berühmten Tauben im Schlaraffenland.
Angst braucht man allerdings vor einem solchen Drei-Tages-Aktiv-Seminar keine zu haben, schließlich stehen am Ende dieser drei Tage meist die unglaublichsten Lösungsansätze und sehr tiefe Erkenntnisse, die oft Jahre danach noch wirken, eben weil man seinen ureigenen Lebensplan endlich erkannt, entdeckt und den roten Faden gefunden hat, an dem man sich künftig orientieren und »entlanghangeln« kann.
Diese Trainingsmethode ist allerdings in unserer heutigen, rein rational gesteuerten Gesellschaft, die ja in der

Regel nur von in sich selbst verliebten Egomanen regiert, beeinflusst und geführt wird, längst sehr erfolgreich und flächendeckend verdrängt worden, schließlich kann man das Unterbewusstsein und dessen Funktionen ja nicht sehen beziehungsweise anfassen. Aber, liebe Leser(innen), kann man Liebe, Trauer, Freude oder Schmerz sehen beziehungsweise anfassen? Nein, das kann man nicht, und trotzdem beeinflussen diese Gefühle unser Leben tausendmal mehr als alles Materielle. Stimmt's? Ich mahne Sie also, viel, viel mehr auf die leise Stimme Ihrer Intuition hören zu lernen und Ihre verletzten Gefühle zu heilen. Das ist hundertmal wichtiger, als zu meinen, in das ganze verlogene »Ballyhoo« unserer heutigen »Zufalls- und Fun-Gesellschaft« einstimmen zu müssen. Dieser Weg führt mit absoluter Sicherheit in die Sackgasse.
So viel also zur Wechselwirkung von positiv-konstruktivem Denken, verbunden mit therapeutischen Techniken und Übungen. Wie allerdings die Auswirkungen dieser Trainingstage von den Teilnehmern selbst beschrieben werden, dazu etwas mehr in den Kapiteln 13 und 14.

9. Kapitel

Hinter jeder materiellen Erscheinung steht zuerst ein geistiges Bild

- Denken ist plastisches Modellieren
- Das Feld der Träume
- Ab auf den Scheiterhaufen
- Nachrichten sind meist negativ
- Alles hat zwei Seiten
- Plötzlich verstand er
- Oft sind es nur Schatten
- Der Blickwinkel ist wichtig
- Fünf fehlende Krawatten
- Unsere Gesundheit, das A und O

Denken ist plastisches Modellieren

Denken Sie jetzt einmal sehr genau nach und beantworten Sie sich selbst bitte die folgende Frage: Gibt es einen einzigen, von Menschenhand geschaffenen Gegenstand, der zuerst erschaffen war, bevor er gedacht wurde?

Ein Seminarteilnehmer meinte einmal, dass ein Urzeitmensch mit seinen geringen geistigen Fähigkeiten bestimmt kein Beil hätte »erdenken« können, und, dass ein solches Instrument vielleicht doch eher durch »Zufall« erfunden worden wäre. Aber auch er irrt, denn obwohl das Gehirn des urzeitlichen Menschen lange nicht so ausgebildet war wie das seiner heutigen Nachkommen, so konnte er trotzdem schon in Bildern denken, und nach diesem geistigen Bild hat er dann auch dieses Werkzeug hergestellt. Alles hat immer seinen Ursprung im Geist. Wer das einmal vollständig begriffen hat, der hat bereits einen großen Schritt nach vorne getan auf dem Weg, sich selbst zu entdecken.

Denken ist plastisches Modellieren, wie Ernest Holmes dies einst ausdrückte. Deshalb ist heute jeder Einzelne von uns ausschließlich nur mit dem Ergebnis seines eigenen Denkens, resultierend aus der Vergangenheit, konfrontiert. Das aber, was Sie heute denken, wird auch ebenso unweigerlich Ihre Zukunft bestimmen. Wer aber trotz aller vorliegenden Hypotheken aus der Vergangenheit in der Lage ist, sein Gemüt heiter, seine Ziele plastisch und seine Worte positiv zu gestalten, der wird sich künftig selbst keine Fallen mehr stellen und deshalb ein zufriedeneres und glücklicheres Leben führen.

Das Feld der Träume

Der Film zum US-Sport Nummer eins, dem Baseball, heißt auf Deutsch: »Feld der Träume« und spielt in Iowa. Die Geschichte: Farmer Ray Kinsella (Kevin Costner) hört eine Stimme, die ihm befiehlt, ein Baseballfeld zu bauen. Er tut es, und seine Träume siegen über die Realität. Am Ende spielen Baseball-Stars aus vergangenen Tagen auf seinem ehemaligen Maisfeld. Als der gerührte Vater von Ray ihn eines Tages fragt: »Ist das hier der Himmel?«, da antwortet er: »Nein Iowa.« – »Wie ist es denn im Himmel, Dad?« – »Der Himmel ist überall dort, mein Sohn, wo Träume wahr werden.« Darauf meint Ray: »Dann ist hier vielleicht doch der Himmel.« (Zitat aus »Holiday Spezial, Amerika«, Heft 1/92.)
Lassen auch Sie ab jetzt Ihre Träume wahr werden, indem Sie mutig damit beginnen, sie zum Leben zu erwecken. Hätten sich die großen Erfinder dieser Welt, die allesamt mit einem großen Traum begannen, von ihren damaligen Zeitgenossen, die die so genannte Realität beschworen und sie ständig mit ihrer Ungläubigkeit auf den Boden der Tatsachen zurückholen wollten, von ihren Zielen abbringen lassen, so hätten wir heute kein elektrisches Licht, keine Autos, Flugzeuge und vieles andere auch nicht. Übrigens: Wissen Sie eigentlich, was Wissenschaft ist? Wissenschaft ist immer nur »der gegenwärtige Stand des Irrtums«. Es kann ja nicht anders sein, alles ist nämlich bereits im Geiste vorhanden, nur wir haben vieles von dem, was ist, eben noch nicht – im wahrsten Sinne des Wortes – »ent-deckt«. Das heißt, wir sehen es nicht, weil wir es beim gegenwärtigen Stand unserer Bewusstseinserweiterung noch nicht sehen beziehungsweise verstehen können. Es ist also noch unentdeckt; d. h. die Decke liegt noch darüber und ver-

hindert so, dass wir es bereits wahrnehmen können. Wenn es aber soweit ist, dass wir es entdecken können beziehungsweise dürfen, so maßen wir uns auch noch an zu behaupten, es erfunden zu haben.

Ab auf den Scheiterhaufen

Nehmen wir einmal an, Sie hätten sich beispielsweise im Jahr 1550 auf den Marktplatz einer deutschen Stadt gestellt und den Leuten erzählt, dass es irgendwann einmal möglich sein werde, mit einem Gerät, das man Röntgenapparat nennt, den Menschen zu durchleuchten und seine Knochen und Organe sichtbar zu machen. Oder Sie hätten dort kundgetan, dass es möglich sei, mit einem so genannten »Flugzeug« durch die Luft zu fliegen und dabei mehr als 500 Menschen bewirten zu können. Wenn Sie Glück gehabt hätten, so wären Sie aus der Stadt hinausgeprügelt worden; hätten Sie aber Pech gehabt, wären Sie als Hexe oder Ketzer auf dem Scheiterhaufen verbrannt worden.
Natürlich wird heute niemand mehr auf den Scheiterhaufen geschickt, aber das ist auch wirklich das Einzige, was sich geändert hat. Als ich mich einmal mit einem Journalisten, der aufgrund des Erscheinens meines ersten Buches von seiner Redaktion die Aufgabe bekam, mich über dieses Thema zu interviewen, unterhielt, war es mir aufgrund seines begrenzten Bewusstseinszustandes nicht möglich, auch nur die geringsten, oft schon Kleinkindern verständlichen Zusammenhänge klar zu machen. Er lebte frei nach dem Motto: »Ich glaube nur das, was ich sehe«, und deshalb triefte sein Artikel, der die Überschrift »Kummers Bastelanleitung für das

Glück« trug, auch vor Ironie und Zynismus. Dies ist die moderne Art, Leute, die nicht ins Schema passen, aus der Stadt prügeln zu wollen, und ganz offensichtlich hat sich an dieser Gepflogenheit bis heute nicht sehr viel verändert. Derjenige aber, der bereit ist, mit offenen Augen und wachem Verstand durch die Welt zu gehen, und der von seiner Intelligenz her in der Lage ist zu verstehen, dass er das Gehörte einfach selbst ausprobieren muss, um es auch wirklich beurteilen zu können, der wird sich den geistigen Gesetzmäßigkeiten nie mehr entziehen können, ja gar nicht mehr entziehen wollen.

Nachrichten sind meist negativ

Bei dem diesem Buch zugrunde liegenden Material fand ich in diesen Tagen u.a. auch wieder den Satz: »Hör kein Übel, sieh kein Übel, sprich kein Übel.« Ich musste deshalb unweigerlich ein wenig lachen, denn mir fiel in diesem Zusammenhang prompt wieder eine Begebenheit ein, die sich vor Wochen im Anschluss an einen meiner Vorträge im süddeutschen Raum abspielte. Ich hatte damals nämlich diesen eben zitierten Satz in meinem Vortrag erwähnt, und kaum hatte ich geendet, kam ein junger Mann auf mich zu und meinte etwas entrüstet, so ginge es ja wohl nicht und was ich den Leuten denn für einen »Stuss« erzählen würde. Man könne die Augen doch nicht vor der Welt und den real existierenden Problemen verschließen, indem man einfach die berühmten drei Affen »Nichts sehen, nichts hören, nichts sprechen« nachahme. Während er so auf mich einsprach, stieg immer mehr Zorn in ihm auf, und sein Kopf färbte sich zusehends in Richtung burgunderrot.

Unwillkürlich fiel mir dabei ein Journalist aus Graz/Österreich ein, der mit einer ähnlich ungesunden Gesichtsfarbe einmal wutschnaubend eine Pressekonferenz verließ, in der ich mich gemeinsam mit dem österreichischen Buchautor Josef Kirschner dafür aussprach, während der Zeit intensiver geistiger Arbeit mit Affirmation und Imagination auf Nachrichtensendungen weitgehend zu verzichten. Natürlich war er als Journalist der Meinung, dass es unverantwortlich sei, dies Menschen zu raten.
Nachdem es mir damals in Graz aber nicht gelang, eine befriedigende Antwort loszuwerden, bevor er die Tür hinter sich zugeworfen hatte, nahm ich mir diesmal fest vor, wenigstens diesen jungen Mann, der sich wutschnaubend vor mir aufbaute, erstens etwas zu beruhigen und zweitens darüber zu informieren, was ich in Wirklichkeit damit meine, wenn ich sage, man solle nichts Schlechtes hören, sehen oder sprechen.
Zuerst fragte ich ihn deshalb, ob er wirklich an einer ausführlichen Antwort interessiert sei, und als er dies – zwar noch mit einem heftig hüpfenden Adamsapfel – bejahte, ging ich mit ihm ins angrenzende Restaurant, um ihn bei einem Glas Wein zuerst sein seelisches Gleichgewicht wiederfinden zu lassen und danach ausführlich zu informieren, welchen Sinn ein solcher Satz in Wirklichkeit beinhaltet. Nachdem er sich dann auch sehr schnell wieder etwas beruhigt hatte und wir zur Vereinfachung des gegenseitigen Umgangs beschlossen, uns zu duzen – schließlich ist es leichter, »Du Hornochse« anstatt »Sie Hornochse« zu sagen –, begann ich zunächst damit, ihm folgende Frage zu stellen: »Ist es dir in deinem Leben schon einmal passiert, dass du zunächst etwas völlig negativ gesehen hast, von dem du heute, mit dem Abstand der Jahre, aber sagen kannst,

dass es im Nachhinein betrachtet eher positiv für deine gesamte dazwischenliegende Entwicklung war?« – »Ja«, sagte er und erzählte mir dann, dass er einst kurz vor dem Selbstmord stand, als er erfuhr, dass seine Frau ihn jahrelang betrog. Nachdem er sie zur Rede stellte, verließ sie ihn mit Sack und Pack, weil sie meinte, sexuell künftig nur noch »à la carte« leben zu müssen. »Und wie siehst du es heute?«, fragte ich. »Ganz einfach, heute weiß ich, dass zu einer wirklich guten Partnerschaft etwas mehr gehört als das Bett und zweimal täglich Sex, denn als meine Exfrau dann ausgezogen war, konnte ich mich plötzlich wieder viel besser auf meinen Beruf, meine früheren Freunde, die sie im Laufe der Jahre allesamt vergrault hatte, und auf meinen Wunsch, eine Eigentumswohnung zu erwerben, konzentrieren. Vieles von dem, was ich mir inzwischen selbst aufgebaut habe, wäre mit meiner damaligen Frau und ihrem Drang, das Geld für Mode und allerlei Firlefanz geradezu aus dem Fenster zu werfen, gar nicht möglich gewesen. Das Einzige, was uns wirklich verband, waren der Sex und der Alkohol.«
»Du meinst also, das damals auf den ersten Blick absolut Negative hatte im Grunde genommen einen äußerst positiven Kern, den man aber zur Zeit der Trennung noch nicht einmal andeutungsweise erkennen und somit logischerweise auch nicht schätzen konnte?« – »Ja«, meinte er, »genauso ist es.«

Alles hat zwei Seiten

Nun war ich an der Reihe und erläuterte ihm aufgrund seines eigenen Beispiels, dass ich genau das meine, wenn ich sage, dass man kein Übel sehen, sprechen oder hören solle, weil alles, was geschieht, immer zwei Pole hat, nämlich einen offensichtlichen und einen verborgenen. Wer Probleme »be-denkt«, wessen Gedanken also ständig um das Problem kreisen, der schickt dadurch ständig neue Energien in Richtung dieses Problems und verstärkt es dadurch mehr und mehr. Wer aber aus seinen Problemen geistig aussteigt und sich innerlich mit Bildern der Lösung, des glücklichen Ausgangs beschäftigt, der zieht die Energie weg von den Schwierigkeiten und leitet sie um, damit sie ihre Kraft und Stärke positiv und aufbauend in Richtung Lösung entfalten kann. Wenn ich also dem Übel keine Kraft gebe, indem ich es durch Worte und Gedanken verstärke, und stattdessen meine Intuition darum bitte, mir den eigentlich guten, positiven Kern der Situation zu offenbaren, dann beginne ich damit, mich mit nichts Negativem mehr zu beschäftigen, und lerne gleichzeitig, in jeder Lebenslage an Lösungen und positive, gewinnbringende Entwicklungen zu denken. Ich verschließe also nicht die Augen, den Mund und die Ohren vor dem Übel, sondern nehme es zur Kenntnis – allerdings mit dem Blick auf den positiven Aspekt gerichtet, den es beinhalten könnte.

Plötzlich verstand er

Nun schien er zu verstehen, denn er fragte: »Das heißt also, hätte ich mich damals, als meine Frau mich verließ, gefragt: ›Was könnte diese Entwicklung uns beiden an positiven Aspekten im Hinblick auf unsere Zukunft bringen‹, anstatt mich vor lauter Selbstmitleid jeden Abend volllaufen zu lassen, wäre ich wahrscheinlich früher mit der Situation fertig geworden?« – »Genau«, antwortete ich und beobachtete, wie es augenscheinlich »klick« gemacht hatte unter seiner schon etwas hohen Stirn. Nachdem er dann noch zwei Viertel Wein für uns bestellt hatte, wollte er wissen, wie dies denn mit dem Journalisten aus Graz gewesen wäre, denn meine Empfehlung, nicht jeden Abend die Nachrichten zu sehen, hätte damit doch nichts zu tun. »Aber selbstverständlich«, antwortete ich, »je mehr wir unser Bewusstsein mit Negativitäten berieseln und durchtränken lassen, desto mehr Angst und Sorgepotenzial bauen wir dadurch auf.« Es ist wie bei der Werbung. Jeder behauptet, er lässt sich nicht davon beeinflussen, und doch greift er nach dem »Magnum-Eis«, wenn er die Wahl zwischen dem hat, was er aus der Werbung kennt, und zwei oder drei nicht so sehr beworbenen Produkten. Ich habe auch niemals behauptet, man solle sich nicht mehr informieren; ich habe lediglich geraten, sich nicht während der Zeit des positiven Neuaufbaus drei- oder viermal am Tag die Nachrichten »reinzuziehen«, denn es ist auch ohne diese täglichen Grausamkeiten schon schwer genug, sich anfangs kontinuierlich in einer positiven und aufbauenden Energie zu halten.

Oft sind es nur Schatten

Wir diskutierten noch einige Minuten miteinander, aber als wir uns danach voneinander verabschiedeten, war ich sicher, dass er begriffen hatte, was ich sagen wollte, und als er beim Aufstehen auch noch ein Buch von mir erwarb, freute ich mich ehrlichen Herzens darüber.

Jedes Ding hat immer zwei Seiten; deshalb ist es wichtig, zuerst alle Aspekte einer Sache zu betrachten, bevor man ein Urteil darüber fällt. Auch wenn Sie durch eine solche Vorgehensweise faktisch noch zu einer Art Minderheit gehören sollten. Oft sorgen wir uns nämlich nur deshalb über etwas, weil wir die tieferen Zusammenhänge einfach nicht sehen. Wir halten Schatten für bedrohlich, obwohl es manchmal Schattenwürfe guter Dinge sind, die zu uns kommen wollen. Wenn beispielsweise an einem schönen Tag die Sonne auf einen Baum scheint, so ist der damit verbundene Schattenwurf des Baumes doch auch Teil, ja sogar notwendiger Teil des schönen Wetters. Nur wenn wir uns in unserem Inneren klein wie eine Ameise fühlen, für die der Schatten eines Baumes übermächtig groß und bedrohlich aussieht, erkennen wir aus diesem begrenzten Blickwinkel heraus nicht, dass dieser Schatten nur ein kleiner bedingter Teil eines traumhaft schönen Tages ist. Wir erkennen auch oft nicht, dass er deshalb, weil sich die Erde ständig weiterdreht, auch nur eine zeitweilige Erscheinung darstellt, von der in vielleicht einer Stunde schon gar nichts mehr zu sehen ist. Warum sollten wir uns also davor fürchten?

Der Blickwinkel ist wichtig

Nehmen wir an, Sie wären jetzt gerade arbeitslos und bejahten – bisher allerdings ohne sichtbaren Erfolg – seit einigen Wochen, dass Sie wieder einen neuen, gut bezahlten Job haben und es Ihnen von Tag zu Tag bereits besser geht. Eines Tages, Sie leben schon freudig in der Erwartung des Guten, kündigt Ihnen dann aus

heiterem Himmel Ihr Vermieter die Wohnung. Entweder verfallen Sie nun zurück in die Ameisenrolle, verwünschen das ganze konstruktive Denken, weil Sie nun glauben, den endgültig untrüglichen Beweis in Händen zu halten, dass es, wie Sie insgeheim schon vermuteten, sowieso nichts taugt, und fallen zurück in die Selbstbemitleidung – oder Sie blicken kurz nach oben in Richtung Himmel und sagen »Danke« dafür, dass sich endlich etwas tut. Wissen Sie denn, ob diese Kündigung nicht der Beginn von etwas Neuem und Gutem ist, das Sie schon solange visualisierten und bejahten und das nun endlich zu Ihnen kommen will? Sagen Sie »Ja« zu dieser Entwicklung und schwimmen Sie nicht gegen den Strom, den Sie ja höchstpersönlich kanalisiert haben.
Einem Freund von mir passierte eine solche Geschichte, wie ich sie eben schilderte, auch einmal. Als er mich anrief und mir erzählte, dass er gerade die Kündigung seiner Wohnung durch seinen Vermieter erhielt, weil dieser sie für seine Tochter benötige, jammerte er nicht herum, sondern sagte: »Peter, ich glaube, nun beginnt meine Arbeit endlich Früchte zu tragen. Vielleicht sollte ich hier wegziehen und woanders völlig neu beginnen.« Heute, viele Jahre danach, weiß er, dass das, was ihm sein Gefühl damals eingab, genau das Richtige war. Er fand etwa 30 Kilometer von seinem Wohnsitz entfernt bald eine schöne Neubauwohnung, und noch während er beim Packen für den Umzug war, traf ein Stellenangebot bei ihm ein, das nicht nur sehr lukrativ, sondern auch mit der S-Bahn von seinem neuen Wohnsitz aus viel schneller zu erreichen war, als dies von seiner alten Wohnung aus möglich gewesen wäre. Heute sagt er: »Besser hätte ich es gar nicht treffen können. Manchmal bietet einem das Leben eben ein eingewickeltes Bonbon an; der eine wickelt es aus und genießt es, der

andere schiebt es mit dem Papier in den Mund und beschwert sich dann auch noch, dass es nicht schmeckt.«
Oft werden uns auch Hypotheken aus der Vergangenheit, die noch beglichen werden müssen, aufgetischt, bevor das Neue, Gute in unserem Leben Platz greifen kann. Wer aber mit positiv-konstruktivem Denken permanent und konsequent arbeitet, der wird immer wieder feststellen, dass jede Entwicklung, die daraufhin dann beginnt, im Nachhinein betrachtet immer zu einem Teil des Neuen und Guten wird und zum Ziel führt, obwohl es anfangs eher danach aussah, als würde alles noch negativer werden, als es schon ist.

Fünf fehlende Krawatten

Als ich einst in München mit einem Geschäftsfreund, der mich und drei meiner Freunde einlud, mit ihm ein Millionengeschäft zu feiern, in eine Discothek wollte, wurden wir vom Türsteher abgewiesen, weil wir keine Krawatten trugen. In einer anderen Disco, die nicht solche Ansprüche an ihre Gäste stellte, zechten wir dann ausgiebig für etwa zweitausend Mark. Der Champagner floss in Strömen, und der Kaviar, den er auffahren ließ, war auch nicht gerade besonders rationiert. Wer war aber nun schuld daran, dass der erste Disco-Besitzer kein gutes Geschäft machte: Mein Freund und wir vier anderen, weil wir keine Krawatten trugen, oder der Inhaber beziehungsweise sein Türsteher, weil sie keine Menschenkenntnis hatten und meinten, nur wer eine Krawatte trägt, ist ein guter Gast? Ich glaube, diese Frage können Sie sich jetzt sehr leicht selbst beantworten. Wie gesagt, wir alle betrügen uns immer nur selbst.

Unsere Gesundheit, das A und O

Sicher werden Sie mir zustimmen, wenn ich behaupte, dass die Gesundheit an Leib und Seele unser allerhöchstes Gut ist. Eine ganz große Rolle spielt dabei, wie wir mit uns selbst umgehen. Ausgehend von dem Satz: *»Es ist der Geist, der sich den Körper baut«* (Friedrich Schiller), müssen wir nicht nur auf unsere Ernährung und sportliche Fitness achten, sondern vielmehr noch auf das, was wir den ganzen Tag über denken. Im Normalfall ist der Verschleiß des Körpers im Laufe unseres Lebens ähnlich wie auf dem ersten Schema, das Sie hier sehen.

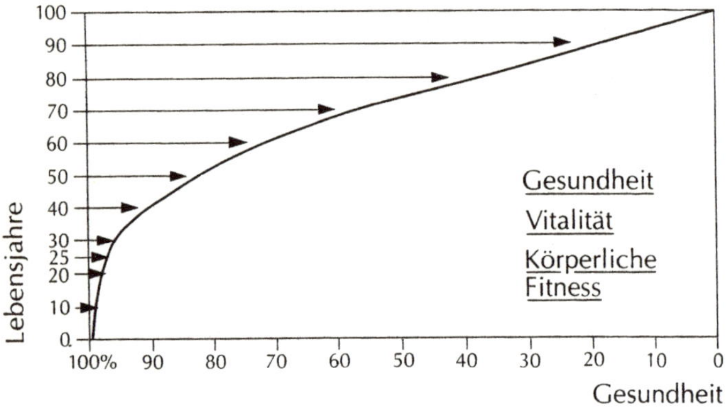

Das heißt, je älter man wird, desto größer wird der Abstand zur körperlichen Fitness. Es wäre aber völlig falsch zu glauben, dass dies immer so sein müsste. Die esoterische Wissenschaft hat beispielsweise festgestellt, dass ein Mensch, der ab etwa dem 25. Lebensjahr zweimal täglich etwa zwanzig Minuten lang meditiert, sich bewusst gesund ernährt, Sport treibt und sich auch mit wissenschaftlichem Gebet, also mit Affirmation und Imagination, immer wieder positiv, lebensbejahend und konstruktiv ausrichtet, dieses Auseinanderdriften von

Gesundheit und Lebensalter wesentlich kleiner halten kann. Einfach dadurch, weil selbst Angst, Wutanfälle, Launen und vieles andere mehr den Körper weniger schwächen können, wenn er wie ein lieber Freund respektvoll behandelt wird. Deshalb ändert sich auch das Schema des Verschleißes unter solchen Umständen wie folgt (bitte beachten Sie die gestrichelte Linie).
Jeder, der mich kennt, weiß, dass ich weder ein Moral- noch ein Gesundheitsapostel bin, aber im Laufe meiner geistigen Entwicklung hat sich mein Leben doch sehr stark verändert. Der Körper gibt einem über die Intuition nämlich nicht nur Tipps, nein, er löst mit der Zeit auch

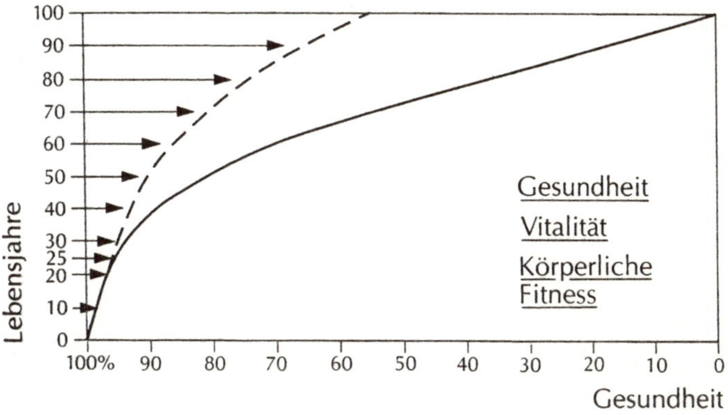

schlechte Gewohnheiten auf, sodass uns nichts mehr fehlt, wenn wir sie ablegen. So hatte ich sehr schnell, nachdem ich meine Übungen regelmäßig abhielt, das Bedürfnis, das Rauchen aufzugeben, und einige Jahre später schränkte ich dann auch den Alkohol mehr und mehr ein. Jahrelang glaubte ich, abends vor dem Fernsehapparat nicht ohne ein Glas Bier oder Wein auskommen zu können. Heute, da ich diese Gewohnheit nicht mehr habe, fehlt mir nicht nur nichts, sondern ich schlafe auch wesentlich tiefer und fester als vorher.

Als meine Exfrau vor Jahren damit begann, kein Fleisch mehr zu essen, dachte ich bei mir, dass ich dies wohl nie aufgeben werde. Aber nach und nach entdeckte auch ich immer mehr, dass mir nichts fehlte, wenn ich kein Fleisch mehr aß, und heute beschränkt sich mein Genuss an fleischhaltiger Nahrung auf ein paar hundert Gramm Putenwurst und zwei bis drei Paar »Wiener« pro Jahr, was mir natürlich heute im BSE-Zeitalter entgegenkommt. Natürlich war es am Anfang eine Umstellung, mich an fleischloses Essen wie Tofu und anderen Fleischersatz zu gewöhnen, aber heute ist das ganz normal geworden. Auch im Bereich der Sexualität stellt man mit der Zeit fest, dass weniger oft mehr ist. Wie sagte noch der alte Herr zum Pfarrer am Samstagmorgen vor der Predigt: »Ich bete sehr oft zu Gott, Herr Pfarrer, und sage: ›Nachdem du mir nun schon das Können genommen hast, so nimm mir doch bitte auch noch das Wollen!‹«

10. Kapitel

Krankheiten, Ängste und Zweifel

- Motivieren Sie sich selbst
- Mein Lernprozess mit einer Warze
- Ein kleiner Selbstversuch
- Was Sie akzeptieren, erleben Sie
- Mit konstruktivem Denken schlank werden
- Allein aus Angst vor Kälte gestorben
- Die Entscheidung liegt immer bei Ihnen
- Aufhören zu zweifeln

Motivieren Sie sich selbst

Sich jeden Tag selbst motivieren zu können, das ist die ganze Kunst des Durchhaltens. Wenn Sie beispielsweise an die Tage Ihrer Kindheit zurückdenken und wie Sie einst das Laufen lernten, dann fällt Ihnen dabei auf, dass Ihnen damals, nach ein paar Tagen der Übung, auch niemand mehr helfen musste aufzustehen. Ein jedes Kind steht – solange es nötig ist – immer wieder von selbst auf, bis es endlich allein laufen kann; oder kennen Sie vielleicht irgendwo auf der Welt einen Siebzig- oder Achtzigjährigen, der heute noch im Laufstall sitzt? So, wie Sie später das Lesen, Schreiben oder Schwimmen gelernt haben, so kann man auch das erfolgreiche Leben erlernen, indem man ganz einfach so lange übt, bis das Gewünschte im Unterbewusstsein zu einer Art Automatik wird. Alles ist ein Spiel, und der Unterschied zwischen einem problembeladenen und einem problemarmen Leben besteht ganz allein in der Einstellung, die wir ihm gegenüber einnehmen. Es ist niemals zu spät, mit dem Umdenken zu beginnen, und derjenige, der es versucht, wird sehr bald schon positive Ergebnisse erzielen, und zwar viel schneller, als alle Zweifler glauben. Fangen Sie deshalb heute noch an und legen Sie jetzt den Grundstein für ein besseres und erfolgreicheres Morgen.

Mein Lernprozess mit einer Warze

Als auf dem kleinen Zeh meines rechten Fußes einmal eine Warze auftauchte, versuchte ich, diese fast drei

Monate lang zu ignorieren, weil ich ganz einfach Angst vor einer weiteren Operation (wie bereits ein Jahr zuvor an meinem Finger) hatte. Aber als die Druckstelle in meinem Schuh von Monat zu Monat immer unerträglicher wurde, sprach ich schließlich mit meiner damaligen Frau darüber, und sie meinte, ob ich das nicht auch mit geistiger Arbeit angehen könne. Natürlich, auf diese Idee war ich noch gar nicht gekommen – manchmal sieht man wirklich vor lauter Wald keine Bäume mehr. Also stellte ich mir etwa fünf Wochen lang geistig vor, wie ein gesunder Zeh ohne diese »Zierde« aussehen würde und wie ich mich fühlen würde, wenn ich die Warze bereits wieder loshätte. Dies tat ich jeden Tag etwa dreimal zehn Minuten, danach ließ ich die Angelegenheit wieder los und bedankte mich bei der unendlichen Heilkraft, die in meinem Körper ständig am Werk ist und alle Unregelmäßigkeiten auflöst, für die vollkommene Heilung. Etwa drei Wochen danach hatte sich die Stechwarze um etwa ein Drittel verkleinert, und eine Woche später war sie spurlos verschwunden – und sie blieb es auch bis zum heutigen Tage.

Ein kleiner Selbstversuch

Auch Sie können gerne einmal versuchen, kleinere gesundheitliche Probleme auf diese Art anzugehen. Ich betone aber auch jetzt, wie in all meinen vorausgegangenen Büchern, wieder ganz bewusst und sehr nachdrücklich: Gehen Sie, wenn Sie Schmerzen haben, auf jeden Fall erst zu einem Arzt oder Heilpraktiker. Versuchen Sie auf gar keinen Fall, den Helden zu spielen! Beginnen Sie, wenn Sie wollen damit, einen Schnupfen, eine kleine Warze oder vielleicht auch ein Hühnerauge aufzulösen; sollte Ihnen dies nicht gelingen, so ist das mit Sicherheit nicht besonders gefährlich. Dazu sollten Sie zunächst, wie stets beim konstruktiven Denken, den Endzustand visualisieren, erfühlen und bejahen. Wann immer Sie sich dann die betreffende Körperstelle wieder einmal betrachten, sagen Sie bitte zu sich selbst: »Dies ist ein bereits zurückgehendes Symptom. Es wird von Tag zu Tag immer kleiner und kleiner, schwächer und schwächer. Die unendliche Intelligenz in meinem Inneren bildet die Heilkraft täglich mehr und mehr aus. Und so ist es!« Zweifeln Sie bitte niemals an dem gerade Ausgesprochenen, sondern halten Sie an dieser Aussage sowie an der Vision von der bereits wieder gesunden Körperstelle, die Sie imaginär mit Ihren Händen schon erfühlen können, über mehrere Wochen hinweg fest und sehen Sie, was passiert. Denken Sie immer daran: Was der Körper produzieren kann, das kann er auch wieder auflösen. Das klingt doch logisch, nicht wahr? Oder zweifeln Sie daran? Als ich zwei Jahre zuvor eine Stechwarze am Zeigefinger hatte, akzeptierte ich geistig dummerweise, dass sie operativ entfernt werden müsse, und deshalb konnte es damals auch nur so geschehen. Die zweite Chance, die ich bekam, nutzte ich dann aber konsequent, dachte über meine Möglichkeiten in der Arbeit mit meinem Unterbewusstsein nach und entschied mich ganz einfach, auf Spritzen, Skalpell, Blut, Verband und Schmerzen zu verzichten. Danach begann ich mit meiner geistigen Heilmethode, und siehe da, so wie sich mein Zeh in meiner Imagination anfühlte, als ich mit meinem Finger imaginär über seine bereits schon heile Oberfläche strich, so fühlte er sich am Ende der Behandlung auch wirklich an. Leiden Sie vielleicht auch gerade an einer Warze? Wenn ja, probieren Sie es doch einmal mit Imagination.

Was Sie akzeptieren, erleben Sie

Eine Frau, die über viele Jahre hinweg in unregelmäßigen Abständen Unterleibszysten produzierte, sagte einmal zu mir: »Immer, wenn mich etwas seelisch sehr stark belastet, bekomme ich eine solche Zyste.« Sie ließ sich deshalb bereits mehrmals operieren, aber einige Male ging eine solche Zyste auch von selbst wieder weg. Diese Frau kam aber gar nicht auf die Idee, einmal darüber nachzudenken, warum sie ab und zu doch um eine anscheinend unvermeidliche Operation herumkam, indem sich nämlich das Symptom ganz von selbst auflöste. Wie sollte sie auch. Als sie das erste Mal zum Arzt ging, nachdem sie Schmerzen beim Geschlechtsverkehr verspürt hatte, stellte dieser ihr die bereits bekannte Zystendiagnose und erklärte danach, dass diese Zysten durchaus auch seelische Ursachen haben können. Anstatt nun aber über jene seelischen Ursachen nachzudenken, überging sie die Aussage ihres Arztes, der ihrer Meinung nach sowieso nur eine vage Vermutung äußerte, und akzeptierte eine weitere Operation als nicht abzuändernde Tatsache, erzählte aber andererseits jedem Außenstehenden, dass sie auf seelische Probleme sofort mit Unterleibszysten reagieren würde. Wie um alles in der Welt also hätte ihr Unterbewusstsein anders reagieren sollen, als bei seelischen Problemen ständig Zysten zu produzieren?
Ich erklärte ihr deshalb zunächst einmal die fundamentalsten Zusammenhänge von Geist und Körper, und sie hörte mir dabei sehr aufmerksam zu und da sie zu dieser Zeit gerade wieder eine solch unangenehme Zyste mit sich herumtrug, riet ich ihr auf ihre Frage hin, wie sie dabei vorgehen müsse, sie solle sich täglich sechsmal fünf Minuten lang ganz ruhig hinsetzen und sich sehr

bewusst und intensiv vorstellen, wie ihre Zyste gleich einem Luftballon, dem die Luft ganz langsam entweicht, immer kleiner werde. Dies solle sie etwa sechs Wochen lang tun und sich zusätzlich abends vor dem Einschlafen so lebendig wie möglich vorstellen, wie die Situation, die sie seelisch belastete und ihrer Meinung nach die Zyste hervorrief, einen positiven Ausgang für alle Beteiligten nehmen würde.
Da sie eine furchtbare Angst vor einer weiteren Operation hatte, griff sie auch gleich nach dieser »Heilungsvariante« wie ein Ertrinkender nach einem Strohhalm. Was soll ich Ihnen sagen, innerhalb von drei Wochen war diese Zyste auf Nimmerwiedersehen verschwunden, und als sie mich anrief, sagte sie wörtlich: »Ich blödes Stück war ja richtig verliebt in meine Zysten, aber jetzt weiß ich auch, wie ich sie künftig verhindern kann, und ich glaube, diese Erfahrung war wohl all die Schmerzen in der Vergangenheit wirklich wert.«

Mit konstruktivem Denken schlank werden

Der Körper ist nun einmal der Spiegel unserer Seele, und deshalb wirken sich auch Hass, Angst, Furcht und Neidgedanken als Wucherung in ihm aus, und was ist beispielsweise Krebs denn anderes als eine Wucherung? Haben Sie schon einmal darüber nachgedacht, dass, wenn es auch nur einem einzigen Menschen möglich war – und dafür gibt es sogar Zigtausende von Beispielen –, den Krebs zu besiegen, dies automatisch für alle anderen auch möglich sein muss? Was einmal geht, geht bekanntlich immer. Vermeiden Sie deshalb negative Gedanken, dadurch vermeiden Sie auch die negativen

Reaktionen Ihres Körpers. Stellen Sie sich das, was gut, harmonisch und zum Nutzen aller Beteiligten ist, bildlich vor und halten Sie daran fest, dann erkennen Sie sehr schnell, dass Sie immer weniger zum Arzt oder Ihrem Medizinschrank springen müssen. Sie verursachen dann nämlich Harmonie, und Harmonie kann nun einmal keine Wucherungen im Körper hervorrufen.

Wenn Sie beispielsweise an Übergewicht leiden sollten, dann stellen Sie sich doch einfach vor, wie Sie ein Kleidungsstück Ihrer Idealgröße vor einem Spiegel anprobieren. Streichen Sie dabei mit Ihren imaginären Händen über den Stoff, sehen, spüren und fühlen Sie dabei, wie schön das Kleid und Ihr inzwischen recht schlank gewordener Körper harmonieren. Auf diese Weise kann der Heißhunger nach Süßem oder stärkehaltiger Nahrung zurückgehen. Ihr Körper ist nämlich ständig bemüht, das dominante Bild, das Sie von sich selbst in Ihrem Geist hegen, umzusetzen, und deshalb nimmt er sich zuerst einmal das Verlangen nach zu vielem und zu fettem Essen. Natürlich müssen Sie ein paar Wochen durchhalten, wenn Sie eine solche Arbeit angehen, und vor allem: Sie müssen es auch wirklich hundertprozentig wollen! Eine Affirmations- oder Imaginationsübung wird nur dann Ergebnisse zeitigen, wenn man das Gewünschte wirklich auch herbeisehnt. Wer nach dem Motto lebt: »Essen ist etwas so Schönes, und das Leben ist ja so kurz«, der schafft selbst die besten Voraussetzungen dafür, dass sein Leben – wie gewünscht – auch sehr kurz sein kann. Labilität und Faulheit sind meist die Hauptursachen, warum viele Übergewichtige beim Abnehmen scheitern. Gerade über diesen Weg des Abnehmens sind schon viele Millionen Menschen vor Ihnen zum konstruktiven Denken gekommen. Warum sollten Sie also nicht auch genau damit beginnen?

Allein aus Angst vor Kälte gestorben

Eines Nachts kontrollierten zwei Wachmänner auf einem Bahnhofsgelände abgestellte Eisenbahnwaggons. Einer der beiden entdeckte während des Rundgangs, dass die Schiebetür eines Kühlwaggons offen stand, und er kletterte kurzentschlossen hinein, um nach ungebetenen Eindringlingen zu suchen. Der andere Wachmann, der davon nichts mitbekam und wenig später ebenfalls an dieser unverschlossenen Tür vorbeikam, zog sie hingegen zu, ohne auch nur im Geringsten zu ahnen, dass sich sein Kollege im Inneren des Waggons befand.
Dieser Kühlwaggon war aber so gut isoliert, dass die Hilferufe des Eingesperrten auf diesem einsamen Gelände völlig ungehört blieben, und als der am nächsten Morgen auf den Plan gerufene Suchtrupp dann endlich diesen Waggon öffnete, fand man den eingeschlossenen Wachmann nur noch tot vor. Der Leichnam selbst wies merkwürdigerweise alle Merkmale eines Erfrorenen wie Frostbeulen und blaue Lippen auf. Aber nicht der Anblick des Toten ließ die beteiligten Helfer erschauern, sondern vielmehr die Tatsache, dass das Kühlaggregat dieses Waggons seit über zwei Tagen defekt und deshalb nachweislich abgeschaltet war. Die nackte Panik des Eingeschlossenen hatte seinem Unterbewusstsein so intensiv das Bild eines schrecklichen Erfrierungstodes eingeimpft, dass diese mächtige Kraft in seinem Inneren alle dazugehörigen körperlichen Symptome auch prompt auszulösen begann. Es war zwar eine sehr kühle Nacht gewesen, als das Unglück geschah, aber die Gefahr eines Erfrierungstodes war zu keiner Zeit wirklich akut.
Wie schon der Volksmund richtig sagt: »Zu Tode gefürchtet ist auch gestorben!« Genauso, wie das Unterbewusstsein jemanden vor dem sicheren Tod retten

kann, genauso kann es diesen auch verursachen. So, wie Sie sich einerseits mittels Ihres Unterbewusstseins selbst ins Kranken- oder Armenhaus bringen können, sind Sie andererseits aber auch jederzeit in der Lage, das Gegenteil, nämlich Gesundheit, Glück und Wohlstand zu verursachen.

Die Entscheidung liegt immer bei Ihnen

Es ist immer Ihr Bewusstsein, das auswählt, was Sie im Garten Ihrer künftigen Erfahrungen für eine Saat auswerfen. Deshalb kann ich Ihnen nur immer wieder von neuem raten: Achten Sie auf Ihre Gedanken, denn nichts anderes ist diese Saat, deren Früchte Sie einst ernten werden. Wer Unkraut sät, kann nun mal keine Rosen ernten, das ist doch logisch und einfach, so einfach, dass es sogar ein Zwölfjähriger verstehen kann, und trotzdem tun wir uns alle so unendlich schwer damit, dieses theoretische Wissen zu unserem eigenen Vorteil und zum Wohl aller optimal umzusetzen, stimmt's?
Hier noch ein Tipp: Setzen Sie sich noch heute an den Tisch und schreiben Sie einen Brief an sich selbst, in dem Sie sich geloben, all das in Worte und gedankliche Bilder umzusetzen, was Sie in Ihrem Leben einmal erreichen wollen. Beispiel: »Ich vertraue ab heute alle meine Wünsche und Sehnsüchte der Macht jener unendlichen Intelligenz Gottes in mir an, die mich erschaffen hat. Ab sofort lasse ich jedes Problem, welchem ich mich im Laufe meines Lebens zu stellen habe, los und beschäftige mich geistig nur noch mit den Gefühlen, die ich empfinden würde, wenn dieses – mein anstehendes Problem – bereits glücklich gelöst wäre.« Schreiben Sie

also auf, was Sie in Ihrem Leben ändern wollen, und hören Sie nicht auf, bevor alles zu Papier gebracht ist. Dann lesen Sie sich Ihren Brief mehrere Tage lang drei- bis fünfmal täglich laut vor, und fühlen Sie dabei, was Sie sagen. Sprechen Sie kühn, laut und vernehmlich und nicht schüchtern und unterwürfig wie ein Bettler.

Nachdem Sie Ihre Wünsche dann formuliert und damit Ihr Anliegen sozusagen direkt ins Universum geschrieben haben, verbrennen Sie diesen Brief (tun Sie dies aber bitte im Freien – auch wenn Sie sich gerade ein neues Haus wünschen sollten!), bis nur noch Asche übrig ist. Dies ist weder ein indianisches Ritual noch Hokuspokus oder Voodoo-Zauber, es ist lediglich das tiefe Bewusstmachen von Wünschen und Gefühlen und die gleichzeitige Aussaat Ihres geistigen Samens auf dem Ackerboden Ihres Unterbewusstseins. Notieren Sie sich den Tag Ihrer Briefverbrennung und kleben Sie das Datum überall dorthin, wo Sie sich des Öfteren aufhalten, zum Beispiel in der Küche, im Bad, im Schlafzimmer oder im Auto. Diese Methode hat den Vorteil, wie eine Art Code, den nur Sie allein entschlüsseln können, zu fungieren; und auf diese Art und Weise brauchen Sie auch Ihrem sonntäglichen Besuch keine Rechenschaft über die verschiedenen Aufkleber in Ihrer Wohnung abzulegen und sich nicht in lange Diskussionen einlassen. Sie selbst wissen schon, was dieses Datum für Sie bedeutet. Ansonsten geht es ja auch niemanden etwas an. Überhaupt, bebildern Sie Ihre Wünsche und Ziele, hängen Bilder davon auf, am besten im Schlafzimmer, wo Sie den letzten Blick am Abend und den ersten Blick am Morgen darauf werfen können. Lernen Sie, sich also jetzt schon mit den schönen Dingen zu umgeben, nach denen Sie streben. Beispielsweise mit einem Modell Ihres Traumautos, einem Bild Ihres Urlaubszieles oder

Ihrer Traumvilla und so weiter. Auf diese Art und Weise konditionieren Sie Ihr Unterbewusstsein noch stärker und intensiver.

Aufhören zu zweifeln

Seien Sie sich von nun an aber auch im Klaren darüber, dass Sie mittels Ihres Briefes eine ganze Armee von unsichtbaren Helfern (Energien) ausgesandt haben, deren einzige Aufgabe es ist, Ihr Vorhaben in die Tat, sprich in sichtbare und greifbare Form umzuwandeln. Halten Sie jetzt bitte – sollte sich ob dieser Aussage immer noch ein kleiner Zweifel in Ihrem Bewusstsein melden – ganz kurz einmal inne und kontemplieren (nachsinnen) Sie darüber, dass all diese vielen kleinen Helfer (Energien) nicht erst angefordert werden müssen von der unendlichen Intelligenz des Unterbewusstseins, sondern dass diese »Heinzelmännchen« schon vom Tag Ihrer Geburt an ständig für Sie tätig sind. Diese Wichtel zeichnen nämlich u.a. auch dafür verantwortlich, dass beispielsweise eine Scheibe Brot in Ihrem Körper zu Zellen, Haaren, Knochen, Finger- und Fußnägeln verarbeitet und dass der »Restmüll« in Ihrem Körper über Blase und Darm entsorgt wird.
Wenn Ihr Körper Nachschub an Nahrung braucht, dann drücken Ihre Wichtel genau auf den Knopf, der in Ihrem Gehirn ein Hungergefühl meldet. Diese Helfer bewegen Ihre Gelenke, Ihre Arme und Beine, beispielsweise um einzukaufen, an den Kühlschrank oder ins Restaurant zu gehen. Sie sind es auch, die Sie unter Umständen mitten in der Nacht aufwecken, um Ihnen mittels eines kleinen Leidensdruckes im Unterleib klar zu machen, dass eine

sofortige »Müllabfuhr« notwendig ist. Ihr Bewusstsein weckt Sie dann unverzüglich auf und veranlasst Sie, diesem Drang zu folgen und auf die Toilette zu gehen.

Vergegenwärtigen Sie sich diese ewig gültigen Wahrheiten immer wieder aufs Neue, um Ihr Vertrauen in sich selbst und Ihre innere Führung wieder bewusst neu zu entfachen. Sagen Sie sich mehrmals täglich sehr gefühlvoll: »Ich bin die vollkommene Tätigkeit eines jeden Organes und jeder Zelle meines Körpers. Ich bin das Herz Gottes, und nun bringe ich Ideen und Werke hervor, die bisher noch nie geschaffen worden sind. Ich bin die unüberwindliche Wache über meinen Verstand, meinen Leib, mein Heim und meine Geschäfte, die jetzt in Millionenhöhe Gewinne abwerfen.«

Sagen Sie sich auch immer und immer wieder: »Ich schaffe es!« Diese Kurzformel können Sie tausendmal am Tag anwenden, ohne dass sie Ihnen mit der Zeit auf den Geist geht. Vor allen Dingen weiß Ihr Unterbewusstsein sehr genau, dass Sie damit Ihr großes Ziel meinen und nicht etwa das rechtzeitige Erreichen eines Zuges oder einer bestimmten Straßenbahn.

11. Kapitel

Leserbriefe, die es in sich haben

- Warum Leserbriefe?
- Mein Freund Werner
- Der Streit
- Es geht los
- Was einmal auf den Weg gebracht wurde, kommt auch an
- Wie Stefanie ihre Lateinprüfung meisterte
- Nur das Tun zählt
- Man muss auch loslassen können
- Nur Glück gehabt?
- Der inneren Führung vertrauen

Warum Leserbriefe?

Am Ende des Semiarberichts von Monika Junghanns in Kapitel 8 hatte ich bereits angekündigt, dass ich Ihnen noch ein paar spektakuläre Fälle aus meinen Leserbriefen vorstellen werde, in denen Menschen wie du und ich – entweder mit oder auch ohne vorherige Seminarteilnahme – über ganz großartige Erfolge aufgrund ihrer neuen Denkweise berichten. Wenn ich diese Briefe jedoch nun veröffentliche, so tue ich dies nicht, um damit Seiten zu füllen, weil ich selbst zu faul bin, mehr zu diesem Thema zu schreiben – Stoff habe ich nämlich mehr als genug, nein, ich mache dies, um Ihnen zu zeigen, wie sich diese geistige Arbeit respektive ein Seminarbesuch unmittelbar danach im Leben der jeweiligen Absender ausgewirkt hat. Ich habe all diese Briefe auch nicht angefordert oder bestellt; sie sind dem ganz natürlichen Bedürfnis des Einzelnen, mir voller Freude und Stolz über ihre ganz persönlichen Erfolge zu berichten, entwachsen. Jeder dieser Briefe wurde mir vom Schreiber persönlich zum Abdruck in diesem Buch freigegeben; lediglich die Personen und Orte wurden von mir in Übereinstimmung mit dem jeweiligen Verfasser ein wenig verändert.

Mein Freund Werner

Werner W. aus der Nähe von München arbeitete seit Jahren schon mit den Büchern von Dr. Murphy, Norman Vincent Peale und Dale Carnegie, und irgendwann im

Jahre 1993 fiel ihm auch mein Erstling »Nichts ist unmöglich« in die Hand, was ihm, wie er schrieb, dann den letzten Schub gab, endlich aus der Theorie herauszutreten und mit der Praxisarbeit zu beginnen. Hier nun ein Auszug aus seinem Brief:

»Ich, Werner W., verheiratet und Vater einer sechsjährigen Tochter, träumte zusammen mit meiner Frau seit Jahren schon von einer großen 5-Zimmer-Eigentumswohnung. Wir wohnten seit fünf Jahren etwas beengt in einer 3-Zimmer-Wohnung, und mein Einkommen reichte gerade aus, um monatlich etwa 1000 bis 1500 Mark auf die hohe Kante legen zu können, ohne uns dies vom Mund absparen zu müssen. Auf diese Art und Weise hatten wir uns mit der Zeit 30000 Mark zusammengespart. Wir hatten uns auch schon des Öfteren über eine für uns angenehme und schön gelegene 5-Zimmer-Wohnung informiert, aber mit unserem geringen Eigenkapital und meinem für diese Zwecke doch etwas zu schmalen Einkommen war daran nicht im Entferntesten zu denken. Als meine Frau und ich das erste Buch von Dr. Murphy gelesen hatten, beschlossen wir, es gemeinsam mit der Vorstellungstechnik zu versuchen; aber jedes Mal, wenn zwei oder drei Wochen ins Land gegangen waren, gaben wir wieder auf, denn bei Dr. Murphys Beispielen klappten die Techniken immer sehr schnell, meist innerhalb von zwei oder drei Wochen, und so glaubten wir beide, etwas falsch zu machen, nachdem uns nicht nach wenigen Tagen ein Sack mit einer Million Mark Inhalt vor die Füße fiel. Erst als ich Ihr Buch gelesen hatte, verstand ich, dass es sich dabei nicht um Magie, sondern um eine kontinuierliche Überzeugungsarbeit des Unterbewusstseins handelt, die – auch wenn es Jahre dauert – in jedem Fall Ergebnisse bringt. Die Beispiele in Ihrem Buch sprachen meine Frau und mich derart positiv an, ebenso Ihre Art,

nicht auf jeder Seite drei- bis fünfmal die ›göttliche Ordnung‹ zu betonen. Dies ließ in uns den Entschluss reifen, ganz konsequent mit der einmal begonnenen Arbeit weiterzumachen und so lange daran festzuhalten, bis eines Tages ein befriedigendes Ergebnis vorliegen würde.«

Der Streit

»So suchten wir uns zunächst aus den uns vorliegenden Exposés verschiedener Objekte und Makler einen Grundriss für eine 5-Zimmer-Eigentumswohnung heraus, der unseren Vorstellungen entsprach. Abendelang richteten wir dann mit aus Pappe ausgeschnittenen Möbelstücken, die unserer bisherigen Einrichtung entsprachen, diese Wohnung ein. Allein diese Arbeit machte uns so viel Spaß, dass wir manchmal gar nicht mehr daran dachten, dass alles zunächst nur Illusion war! Eines Abends hatten wir sogar einen so heftigen Streit miteinander, weil wir uns wegen der Platzierung unserer Schrankwand nicht einigen konnten, dass meine Frau vor Wut weinend ins Schlafzimmer flüchtete. Nachdem auch ich mich dann wieder beruhigt hatte, ging ich zu ihr, um mich für mein törichtes Verhalten zu entschuldigen, und als alles wieder im Lot war, lachten wir fast eine Stunde lang schallend über unsere Dummheit, uns wegen eines imaginären Einrichtungsproblems so heftig zu streiten. Wir stellten aber auch beide sehr schnell fest, dass nur diese totale Identifizierung mit unserem Ziel es sein konnte, was Sie in Ihrem Buch mit: ›Heraus aus dem Problem und hinein in die Lösung‹ gemeint haben müssen. Nachdem wir dann alle Zimmer eingerichtet hatten (jedes Möbelmodell hatte inzwischen seinen Platz), pinnte ich uns diesen

Plan so an die Wand unseres Schlafzimmers, dass wir ihn am Abend vor dem Löschen des Lichtes und am Morgen nach dem Aufstehen als Letztes beziehungsweise als Erstes sehen konnten.
In unserer Phantasie gingen wir beide nicht nur vier- bis fünfmal am Tag durch diese Wohnung, nein, wir führten dort auch schon ein richtiges Familienleben. Sogar unsere Tochter, die wir in unsere Pläne einweihten, machte diese Übungen mit großem Vergnügen mit. Ich konnte mir zwar nicht vorstellen, wie sich die Realisierung unseres Wunsches einstellen könnte und, obwohl Sie schreiben, dass man auch nicht darüber nachdenken sollte, erwischten wir uns beide ständig bei solchen Spekulationen.«

Es geht los

»Dann ging plötzlich alles Schlag auf Schlag, und zwar mit einer schwindelerregenden Geschwindigkeit. Es begann damit, dass ich eines Morgens zu meinem Chef gerufen wurde. Er teilte mir mit, dass er den Werkstattleiter unseres Zweigbetriebes, der etwa 40 Kilometer von meinem Arbeitsplatz entfernt lag, ›wegen verschiedener Unregelmäßigkeiten gefeuert hätte‹ und ob ich nicht Interesse daran hätte, die Treppe eine Stufe hinaufzufallen und diesen Posten zu übernehmen. Mein sofortiges ›Ja‹ honorierte er erfreut mit einem zufriedenen Lächeln und einer Gehaltserhöhung von sage und schreibe 1300 Mark pro Monat.
Zwei Monate danach wurde uns von unserem Bauträger eine große 3-Zimmer-Wohnung angeboten, und unsere Hausbank erklärte sich unter diesen neuen Bedingungen

ganz plötzlich auch bereit, die Finanzierung dafür zu übernehmen. Nachdem wir lange überlegten – denn wir waren ja inzwischen auf unsere 5-Zimmer-Wohnung fixiert –, siegte letztendlich doch unser mangelndes Vertrauen in die Gesetze des Geistes, und wir unterschrieben den Kaufvertrag für die kleinere Wohnung.«

Was einmal auf den Weg gebracht wurde, kommt auch an

»Einen Monat darauf starb die Großmutter meiner Frau; sie, die immer vital und fit war, klagte eines Morgens während eines Telefonats mit meiner Gattin über ein leichtes Schwindelgefühl, und zwei Stunden später war sie tot. Bei der Testamentseröffnung erfuhren wir dann, dass sie uns beiden die stattliche Summe von dreißigtausend Mark hinterlassen hatte. Kaum waren wir vom Notar zurück, läutete das Telefon, und unser Bauträger war am Apparat. Er erzählte uns, dass der Käufer der 5-Zimmer-Dachgeschoss-Wohnung vor einem Monat bei einem Autounfall ums Leben gekommen sei und dass seine Erben diese Wohnung – wenn auch mit Verlust – so schnell wie möglich wieder abstoßen wollen, denn keiner von ihnen war bereit, die Finanzierungskosten respektive die Wohnung selbst zu übernehmen. Unser Bauträger wusste natürlich, wie scharf wir auf die große Wohnung waren, und er bot an, dass wir diese mit einem Nachlass von fünfzigtausend Mark auf den ursprünglichen Kaufpreis sofort übernehmen könnten und er uns auch vom Kaufvertrag der 3-Zimmer-Wohnung kostenlos zurücktreten lasse. Wir rechneten fieberhaft; und nach einem kurzen Telefonat mit unserer Bank und der Erwäh-

nung der dreißigtausend Mark von unserer Oma bekamen wir dann schnell das Okay für diese Finanzierung. Zuerst saßen wir beide einige Minuten wie paralysiert auf unseren Stühlen, bis wir richtig verarbeitet hatten, was eigentlich geschehen war. Wir waren auf einmal Besitzer einer traumhaft schönen 5-Zimmer-Dachgeschoss-Wohnung mit Fernsicht, Loggia, offenem Kamin und Doppelgarage. Wenn uns dies jemand vor nur vier Monaten prophezeit hätte, den hätten wir postwendend mit der ›Grünen Minna‹ abholen lassen.«

Soweit der Auszug aus diesem Brief. Es passieren also, wie Sie sehen, in den allermeisten Fällen keine sensationellen Wunder, sondern es fügt sich ganz einfach eine Art Mosaik zusammen, dessen Aufbau man in fast allen Fällen erst dann erkennt, wenn es fertig ist. Deshalb fangen doch auch Sie ganz einfach an mit Ihren Imaginationen, denn wenn Sie sich mit Ihren eigenen Zielen so intensiv identifizieren wie dieses Ehepaar, dann werden auch Sie bald schon Ihr eigenes »blaues Wunder« erleben.

Wie Stefanie ihre Lateinprüfung meisterte

Ich freue mich immer ganz besonders, wenn mir gerade sehr junge Menschen von ihren Erfolgen berichten, wie beispielsweise Stefanie K. aus Niederbayern. Hier einige Auszüge aus ihrem Brief:

»Zunächst möchte ich Ihnen, lieber Herr Kummer, zu Ihrem wirklich gelungenen und hilfreichen Buch ›Nichts ist unmöglich‹ gratulieren. Es war sehr interessant, dieses Buch zu lesen. Auch ich habe eigentlich an Zufälle geglaubt, aber ich wollte mein neues Leben solchen

Zufällen nicht mehr überlassen. So habe ich dann mit Autosuggestionen angefangen. Zwischenzeitlich hatte ich zwar keine Lust mehr, habe aber Gottseidank trotzdem weitergemacht. Nach neun Wochen haben sich bereits die ersten Erfolge eingestellt. Erstens kann ich mich, sobald mich ein Anflug von Negativität überfällt, recht bald wieder positiv besinnen, und zweitens habe ich das erste Mal seit langem wieder eine ›Drei‹ in Latein geschrieben. Dabei habe ich mir bildlich vorgestellt, wie mir meine Lehrerin die ›Drei‹ übergibt und welche Freude ich dabei empfinde. Es gibt natürlich auch Leute, die einen für verrückt halten, wenn man sich morgens und abends mit seinem Spiegelbild unterhält, aber das sollte einen nicht daran hindern.

Ich habe eine Freundin, die krampfhaft einen Mann sucht. Ihr habe ich dasselbe geraten wie Sie in Ihrem Buch ›Nichts ist unmöglich‹ Ihrer Freundin Gabi. Aber leider glaubt sie nicht daran. Was soll ich da noch machen? Aber ich habe mit Freude festgestellt, dass es doch einige Leute gibt, die sich mit Ihrem Unterbewusstsein befassen. So erzählte mir zum Beispiel eine Klassenkameradin, dass sie sich regelmäßig vor dem Abitur abends via Spiegel Mut und Kraft zugesprochen hat; auch sie hat das Abitur gut bestanden.«

Das war also der Brief von Stefanie. Sie hatte nicht nur erkannt, dass es funktioniert, wenn man am Ball bleibt; nein, sie integrierte umgehend dieses Denken so in ihr Leben, dass es bald auch bei ihr zu einer Art zweiten Natur wurde, und sie erreichte damit ganz unausweichlich auch in der Zwischenzeit viele weitere, phantastische Erfolge in ihrem jungen Leben. Obwohl gerade junge Menschen noch auf sehr wenig Lebenserfahrung zurückblicken können, setzen sie das Gelesene meist etwas unbekümmerter um als ältere.

Nur das Tun zählt

Zuerst begann Stefanie damit, sich in ihrem schwächsten Fach, nämlich Latein, zu verbessern. Sie stellte sich deshalb mehrmals täglich sehr bunt und lebhaft vor, wie ihr die Lehrerin zur bestandenen Lateinprüfung gratulierte, denn sie wollte ja später Medizin studieren, und in Latein zu bestehen, war in diesem Zusammenhang natürlich sehr wichtig. Als das Abitur dann glücklich geschafft war, ging sie die nächste Aufgabe an, sich einen geeigneten Studienplatz für Medizin vorzustellen, denn so, wie es aussah, war dies in München fast unmöglich, und der nächstgelegene Ort, der in Frage kam, wäre Leipzig gewesen. Da sie aber sehr gerne weiterhin bei ihren Eltern gelebt hätte, sagte sie sich: O.k., dann bin ich eben die Einzige, die sich nicht mit dieser Situation abfindet. Also bejahte sie kontinuierlich: »Ich bedanke mich für den perfekten und nahegelegensten Studienplatz, der mir jetzt durch mein Unterbewusstsein und meine göttliche Führung zuteil wird.«

Man muss auch loslassen können

Nachdem sie ein halbes Jahr lang auf diese Weise fortgefahren war, geschah Folgendes. Zunächst besuchte sie eines meiner Drei-Tages-Aktiv-Seminare; während dieser drei Tage erzählte sie mir, dass sie nun schon sechs Monate an diesem Studienplatz arbeiten würde, aber das Gefühl hätte, sie würde sich langsam dabei selbst im Wege stehen, weil sie sich immer wieder beim bewussten »Wollen« ertappen würde und nicht richtig los- oder geschehen lassen könne. Ich fragte Sie damals, ob sie innerlich eigentlich fest davon überzeugt sei, dass sie in München bleiben könne, oder ob sie ganz tief drinnen eher »befürchte«, in Leipzig studieren zu müssen. Ohne mit der Wimper zu zucken, antwortete sie mir wie aus der Pistole geschossen: »Nein, ich bin mir total sicher, in München bleiben zu können!« – »Gut«, sagte ich, »dann höre jetzt mit deinen Übungen auf und danke Gott lediglich für seine perfekte Führung in deinem Leben. Dann lasse geschehen, was geschieht.« Dies war im Februar 1993. Keine zwei Monate danach bekam sie einen Brief von der Münchner Uni für ein Auswahlgespräch, und als sie einige Tage später auf dem Wege dorthin war, fühlte sie sich absolut »super«. Sie hatte sich nicht etwa nochmals besonders verbissen vorbereitet, sondern überließ alles ihrer inneren Führung, die ihr ja bereits schon so wunderbar geholfen hatte.

Von zwei Professoren auf Herz und Nieren geprüft, brachte sie auch dieses Gespräch erfolgreich hinter sich, und einige Wochen danach erhielt sie die schriftliche Nachricht, dass sie in München einen Studienplatz für Medizin erhalten würde.

Stefanie ist heute (1994) 25 Jahre alt, und sie sieht voll Begeisterung einer glücklichen und erfolgreichen Zukunft entgegen. Ihre täglichen Affirmationen und Imaginationen sowie der ständige Dank an Gott für seine Führung, unter der sie sich ständig wähnt, gehören heute noch Tag für Tag zu ihren Gewohnheiten. Ich bin mir völlig sicher, dass hier eine Medizinerin heranwächst, die – ähnlich wie inzwischen viele andere auch schon – nicht nur mit Skalpell und Verschreibungsblock arbeitet, sondern sehr viel von dem, was sie an sich selbst erfahren hat, an spätere Patienten und, falls nötig, auch an ihre Kollegen weitergeben wird. Ich persönlich glaube auch, dass wir alle noch sehr viel von Stefanie hören werden.

Nur Glück gehabt?

Dieser Brief einer sehr lieben Freundin aus Wien, den ich ebenfalls auszugsweise wiedergeben möchte, erreichte mich im Jahr 1998:

»Meine Mutter war damals verreist. Mein Vater hatte seit kurzer Zeit ein Auto, sein erstes Auto. Wir hatten Besuch aus dem Ausland. Eine Dame mit ihrem Sohn. Es war geplant, am frühen Abend eine gemeinsame Ausfahrt in den Prater zu unternehmen. Ich freute mich sehr darauf, denn Autofahren war für mich damals etwas Neues, besonders dann, wenn mein Vater dabei war. Fröhlich fuhr ich also morgens ins Büro. Es dauerte nicht lange, da wurde ich plötzlich von sehr heftigem Fieber erfasst. Mein Chef schickte mich nach Hause, und der Plan der abendlichen Ausfahrt fiel dadurch, zumindest für mich, ins Wasser. Während mein Vater und seine Gäste alleine losfuhren, schlief ich erschöpft ein. Gegen sechs Uhr morgens weckte mich das Telefon. Es war die Polizei! Mein Vater war mit seinem Wagen verunglückt, und alle Insassen befänden sich auf der Intensivstation des Krankenhauses, lautete die lapidare Mitteilung. Ich saß da und dachte nach, überlegte, was nun zu tun wäre, war erschrocken, beklommen und auf eine seltsame Weise berührt. Es stellte sich dann heraus, dass ein junger Mann an jenem Platz neben meinem Vater gesessen hatte, auf dem ich normalerweise gesessen hätte, wäre ich mitgefahren. Dieser war aufgrund seiner Verletzungen zwar mehrere Tage bewusstlos, wurde aber bald wieder gesund. Seine Jugend hatte ihm geholfen, aber sein Gesicht wird bis zum letzten Tag seines Lebens tiefe Schrammen tragen. Über sie wächst heute ein dichter Bart.

Hätte ich damals an diesem Platz gesessen, wäre mein

Gesicht lebenslang entstellt gewesen. Die Vorsehung hatte aber offensichtlich einen anderen Plan, indem sie mir ein heftiges, kurzes Fieber zum ›Geschenk‹ machte.«

Der inneren Führung vertrauen

Diese Dame aus Wien hatte sich schon seit Jahren zur Gewohnheit gemacht, sich jeden Tag für göttlichen Schutz und göttliche Führung zu bedanken, indem sie morgens die Worte: »Ich bin die unüberwindliche Wache über meinen Verstand, meinen Leib, mein Heim und meine Geschäfte« ganz bewusst und mit viel Gefühl wiederholte. Dr. Murphy sagte dazu: »Wer sich täglich bei seiner geistigen Führung für seinen Schutz bedankt, der wird nie ein Flugzeug besteigen können, das abstürzt, und auch niemals mit einem Auto, der Eisenbahn, einem Schiff oder auf eine andere Art und Weise verunglücken können.« Warum, fragen Sie? Weil Sie nun mal das, was Sie nicht aussenden, auch nicht empfangen können. So simpel ist das. Denken Sie beispielsweise nur kurz zurück an das, was ich über Sender und Empfänger im 5. Kapitel geschrieben habe.

12. Kapitel

Hilf dir selbst, dann hilft dir Gott

- Gott gefunden zu haben heißt nicht, andere damit »erschlagen« zu müssen
- Ein sehr erfreulicher Brief
- Selbst die Ärzte staunten
- Der Vorteil im Nachteil
- T.U.N. bringt Ergebnisse
- Die vier wichtigsten »Ich bin«-Bejahungen
- Eine Affirmation braucht 21 Tage

Gott gefunden zu haben heißt nicht, andere damit »erschlagen« zu müssen

Wer mit dem positiv-konstruktiven Denken konsequent arbeitet, der wird sehr schnell feststellen, dass sich ihm Gott in jeder Sekunde seines Lebens offenbart, und er wird peu à peu lernen, ihn in allem und jedem zu erkennen.

Auch wenn manche meiner Kritiker nicht müde werden, mir vorzuwerfen, ich würde einem naiven, positiven Denken ohne spirituell fundiertem Hintergrund das Wort reden, bleibe ich dabei, dass wir alle von Kindheit an schon genügend falschen »Aposteln« überantwortet wurden, um die so genannte Gottesfürchtigkeit zu erlernen. Auch durch eine bloße Verurteilung der Amtskirche und eine Verfechtung esoterischer Grundlagen wird blankes Missionieren nicht salonfähiger. Es ist leider Usus geworden, sich in die hohen Sphären esoterischer und sektennaher Verbindungen zu flüchten, wenn man sein Leben, wie dies gerade bei vielen übereifrigen Kritikern der Fall ist, nicht selbst in den Griff bekommt. Gerade weil der Satz: »Erfolg hat drei Buchstaben: T.U.N!« richtig verstanden werden sollte, rate ich meinen Lesern nicht zu bloßem Heruntermurmeln von Gebeten, sondern zu mehr Hinwendung zum Handeln; denn auch der folgende Satz, der da heißt: »Hilf dir selbst, dann hilft dir Gott« sollte erst einmal richtig verstanden werden. Mit dem Leben zurechtzukommen heißt für mich aber auch, für sich selbst sorgen zu können. Der höheren Esoterik das Wort zu reden, aber sich nicht das Salz in der eigenen Suppe leisten zu können, hat meiner Meinung nach absolut nichts mit einem erfolgreichen und gottgewollten Leben zu tun, auch wenn die Ausreden manchmal ganz glaubhaft klingen. Ich erinnere in diesem Zusammenhang auch gerne an den wichtigen, sehr tiefsinnigen Satz von Dr. Joseph Murphy: »Armut ist in Wirklichkeit eine Art Geisteskrankheit.«

Wenn Sie damit anfangen, durch Fleiß, Disziplin, Affirmationen, Imaginationen, richtige Ernährung, Aufrichtigkeit und Ehrlichkeit gegenüber sich selbst und anderen Ihre Lebensweise zu verändern, dann sind Sie Gott schon sehr nahe, und wenn Sie sich bei ihm täglich für seinen Schutz und seine Führung bedanken, dann wird sich sehr bald Ihr ganzes Leben verändern, und Sie werden immer genügend Arbeit, Geld, Gesundheit und Lebensfreude haben. Aber ein jeder muss auch seinen eigenen Weg gehen können, und wenn Sie eines Tages das Gefühl haben, Sie müssten mehr Spiritualität entfalten, dann tun Sie das einfach. Verlassen Sie sich auch in diesem Punkt auf Ihre Intuition; sie wird Sie immer perfekt führen und behutsam einen Schritt weiterbringen auf Ihrem Weg zu Gott, zu sich selbst und zu Ihrem Ziel.

Ein sehr erfreulicher Brief

Eine andere sehr liebe Freundin von mir aus Wien, die mein erstes Buch »Nichts ist unmöglich« während eines Krankenhausaufenthalts geschenkt bekam, schrieb mir, nachdem sie wieder zu Hause war, folgenden Brief, den ich ebenfalls auszugsweise gerne wiedergeben möchte:
»Ich bin glücklich und erfolgreich durch konstruktives Denken. Diese mentale Arbeit mache ich täglich mit Freude und festem Glauben an die Verwirklichung mei-

ner Gedanken, meiner Wünsche und der Förderung zum intensiven Zugang zur Wahrheit. Folgende Ausführungen sind nicht wissenschaftlich zu erklären, sind jedoch zu überprüfen durch die Fähigkeit der Selbstwahrnehmung, die man sich erarbeiten kann. Beispiele:
1. Fußoperation: Nach einem Oberschenkelbruch – anschließende Operation, Einsetzen von Schrauben –, Krankenhausaufenthalt und Rehabilitation war ich körperlich und seelisch darnieder. Mein Ziel hieß: wieder gehen können. Meine geistigen Wunschbilder: ›Ich gehe, ich laufe, ich wandere, ich fahre Rad, ich tanze, ich gehe in Stöckelschuhen.‹
Das waren laute, selbstgesprochene Bejahungen, die ich mir jeden Tag vorsagte, und auf einer Tafel über meinem Bett stand der Satz: ›Ich kann, ich muss, ich will.‹«

Selbst die Ärzte staunten

»Nach wenigen Tagen musste ich für einige Ärzte, Schwestern und auch für mehrere Patienten solche Tafeln anfertigen, und zwar so viele, dass es fast schon in Stress ausartete. Sehr wichtig ist das ›Tun‹, täglich oft und immer wieder zu gehen – Treppen zu steigen! Gehen – Treppen steigen! Ich verließ das Krankenhaus ohne Krücken, ohne fremde Hilfe; in dieser Zeit habe ich auch das Schwimmen gelernt. Ich hatte mehr als fünf Jahrzehnte Angst davor. Heute weiß ich, wie ich dem Negativgedanken ›Angst‹ begegnen kann. Ich habe es geschafft. Es war für mich ein großartiges Erfolgserlebnis. Nach neun Monaten wurde mir das Metall problemlos entfernt. Ich kann Ihnen kaum schildern, wie froh ich darüber war und welch tiefes Glück ich empfand.

2. Venenoperation: Ich war ruhig und angstfrei, Blutdruck und Kreislauf normal, keine Vollnarkose. Der Narkosearzt war interessiert an einem Gespräch über dieses ›Wunder‹. Die Rehabilitation bestand wieder aus Imagination, Affirmation und T.U.N. Es bedurfte keiner Nachbehandlung. ›Was der Mensch denkt, das ist er‹, das habe ich inzwischen begriffen.
3. Alltägliche Beispiele: Ich brauche keinen Wecker mehr, ich kann die Weckzeit meiner inneren Uhr beliebig einstellen. Ich habe keine Schlafstörungen mehr; ich spreche: ›Ich will jetzt ruhig schlafen. Ich will jetzt einen erholsamen (friedlichen, heilsamen) Schlaf. Wecke mich um ... Uhr.‹ Funktioniert immer sicher! Einen Sitzplatz im Zug reserviere ich immer zuerst im Geist für einen bestimmten Waggon. Es klappt immer!
Ich gebe täglich meine Wünsche zur Verwirklichung bekannt. Die Erkenntnisse über die Naturgesetze von Ursache und Wirkung, denen jeder Mensch unterliegt, haben mein Leben nachhaltig zum Positiven verändert. Ich habe die Verwirklichung von Harmonie, Gesundheit, Glück und Frieden erfahren dürfen. Dafür bin ich sehr dankbar.«

Der Vorteil im Nachteil

Wie so oft war der Auslöser, sich derartigen Erkenntnissen öffnen zu können, wieder einmal eine Krankheit. Oft präsentiert uns das Leben ein vermeintliches Unglück, um uns aufzuwecken und aufzurütteln, und meist erkennen wir dann, dass es gerade dieser vermeintliche Nachteil war, der den Keim eines noch größeren Vorteils in sich trug. Meine Freundin Dolfi, die mir diesen Brief schrieb, hat blitzschnell erfasst, worauf es ankommt, und sie hat sofort, ohne lange zu fragen und zu philosophieren, damit begonnen, das Gelesene anzuwenden. Heute ist sie eine ganz überzeugt konstruktiv orientierte Positivdenkerin, und bei meinem letzten Seminar in Wien war sie eine der interessiertesten und aufmerksamsten Zuhörerinnen.

T.U.N. bringt Ergebnisse

Auch auf die Gefahr, dass ich mich wiederhole, möchte ich nochmals darauf hinweisen, dass es besser ist, etwas, von dem man glaubt, daran zweifeln zu müssen, zuerst auszuprobieren, bevor man es verwirft. Ich bekomme ab und zu Briefe, in denen mir die Schreiber auf vielen Seiten erklären wollen, dass das, was ich schreibe, zwar bei anderen, aber nicht bei ihnen selbst funktioniert, meist verbunden mit den abenteuerlichsten Ausreden wie: »Wir haben nur eine kleine 2-Zimmer-Wohnung, und deshalb bin ich nicht in der Lage, meine täglichen Imaginationen störungsfrei auszuführen.« Wer einen stillen Ort finden will, der findet ihn auch, und wenn es die Toilette oder der Kohlenkeller ist. Nirgends steht geschrieben, dass man dort nicht imaginieren oder meditieren, nicht beten oder bejahen darf. Seien Sie also zunächst ganz ehrlich zu sich selbst und erkennen Sie, dass das »T.U.N.« nur von Ihnen kommen und nur durch Sie ausgeführt werden kann. Es gibt nirgendwo auf der Welt einen Menschen, der für Sie denken kann, und vor allem keinen Therapeuten oder Autor, der mit einem Fingerschnippen Ihre Probleme auflöst, so wie das viele Zeitgenossen gerne haben würden.

Je mehr Sie verstehen, dass Sie all das, was Sie heute quält, selbst verursacht haben, desto klarer wird Ihnen auch, dass nur Sie selbst es auch wieder auflösen können. Es ist völlig normal, dass man zunächst über einige Wochen hinweg ziemlich diszipliniert arbeiten muss, um seinen Lebensrhythmus zu verändern, damit man eines Tages auch seinen »inneren Schweinehund« überwinden kann. Aber je länger Sie Ihre täglichen Übungen einhalten, desto schneller kommen auch die Ergebnisse. Affirmation und Imagination sollten deshalb täglich einen selbstverständlichen und festen Platz in Ihrem Leben haben – so wie das Zähneputzen –, denn dann werden Sie sehr bald gute und befriedigende Ergebnisse bekommen.

Die vier wichtigsten »Ich bin«-Bejahungen

Vier der – wie ich finde – schönsten Affirmationen, die es gibt und die fast jeden Lebensbereich abdecken, sind die folgenden:
»Ich bin jetzt mit Wohlstand versorgt, der meine kühnsten Träume noch bei weitem übersteigt.«
»Ich bin die vollkommene Tätigkeit eines jeden Organes und jeder Zelle meines Körpers.«
»Ich bin die unüberwindliche Wache über meinen Verstand, meinen Leib, mein Heim und meine Geschäfte.«
»Ich bin das Herz Gottes, und nun bringe ich Ideen und Werke hervor, die bisher noch nie geschaffen worden sind.«
Wiederholen Sie diese vier Sätze täglich dreimal fünf bis zehn Minuten lang mit viel Gefühl und dem Wissen, dass Sie damit ein Zukunftsprogramm in Ihren »Compu-

ter Unterbewusstsein« hineinprogrammieren, und Sie werden nach einigen Monaten schon erste Erfolge sehen. Dies alles natürlich unter der Voraussetzung, dass Sie Ihre Übungszeit einhalten und Sie das, was Sie sagen und bejahen, nicht während der restlichen Stunden des Tages wiederum verneinen.
Es gibt einige »Strategen«, die nämlich, sobald sie mit ihren Affirmationen zu Ende sind, gleich wieder in die negative Kerbe hauen und jedem, der es hören will, erzählen, welche finanziellen, gesundheitlichen oder geschäftlichen Probleme sie haben. Die Bejahungen dienen dazu, Ihr Unterbewusstsein neu zu konditionieren; sobald Sie aber das Gegenteil aussprechen, neutralisieren Sie ja das Positive schon wieder. Wer einen Müllkübel zu einem Blumentopf umfunktionieren will, der muss erstens damit aufhören, ständig neuen Müll hineinzuwerfen, und zweitens damit beginnen, Blumen zu pflanzen. Auf einen Mülleimer das Wort »Blumenkübel« zu schreiben und ihn weiter mit Müll zu füllen, bringt noch keine Veränderung.

Eine Affirmation braucht 21 Tage

Eine Affirmation braucht ziemlich genau 21 Tage, bis sie vom Unterbewusstsein angenommen wird; erst dann beginnt sie, langsam Wurzeln zu schlagen und sich zu entfalten. Wer also nach zehn bis fünfzehn Tagen wieder in den alten Trott zurückverfällt und die geistige Arbeit wieder aufgibt, der sollte es am besten von vornherein bleiben lassen, denn dann ist es reine Zeitverschwendung. In dem Moment, wo Sie damit beginnen, eine Lösung zu formulieren und zu bejahen, müssen Sie auch damit aufhören, mit Worten, inneren Bildern und Gedanken an Ihrem Problem haften zu bleiben. Stellen Sie sich einmal vor, Sie sitzen in einem überheizten Raum und Sie wissen, es würde Ihnen wohler sein, sobald Sie die Tür aufmachen und frische Luft hereinlassen; aber obwohl es Ihnen immer heißer wird, trauen Sie sich nicht an die Tür, weil Sie auf dem Weg dorthin fünf Stühle und zwei Tische zur Seite räumen müssten.

Jeder, der im Leben aber etwas erreichen will, muss immer zuerst sich selbst überwinden, bevor er die Umstände verändern kann. Manchmal hilft es auch, den Partner in seine Pläne einzuweihen und ihm eine Kopie des eigenen »Aktionsplanes« zu geben. Dann reißt man sich eher zusammen und hält länger durch; manchmal trägt dieses Vorgehen aber auch dazu bei, dass der Partner sich ebenfalls entschließt mitzumachen, wenn er an Ihnen die ersten Fortschritte erkennt. Wie sagte die resolute Hausfrau zu ihrer Freundin: »Mein Mann hat endlich das Rauchen aufgegeben.« – »Dazu gehört aber ein sehr starker Wille«, entgegnet die Freundin. Darauf meint die Ehefrau: »Keine Angst, den habe ich!«

13. Kapitel

Es funktioniert bei allen Menschen

- Der Gatte war ein Zweifler
- Manchmal musste ich mich überreden
- Schon bald zeigten sich erste Erfolge
- Man sieht es ihr an
- Den inneren »Schweinehund« überwinden
- Bei einem Seminar in Wien erlebt
- Was in drei Tagen so alles passieren kann
- Der Boss wollte mich sprechen
- Ich werde geliebt
- Die Erlebnisse von Elisabeth
- Meine phantastischen Erfolge bei der Prüfungsvorbereitung
- Die innere Führung funktioniert

Der Gatte war ein Zweifler

Den nun folgenden Brief, den ich Ihnen gerne in seiner gesamten Länge zum Besten geben möchte, erhielt ich vor etwa zwei Jahren von einer Seminarteilnehmerin aus der Schweiz:

»Es war wieder einmal so weit. Ich befand mich in einer sehr schlechten Stimmung. Schon seit Tagen war ich nicht in der Lage, irgendwie auf die Höhe zu kommen, und vor allem sah ich im Moment sehr düsteren Zeiten meine Beziehung zu meinem Ehegatten betreffend entgegen. Ich hatte schon viele Bücher über das konstruktive Denken gelesen, ein Seminar ums andere besucht und ganz tief innen auch erfasst, dass es der einzig gute Weg ist, nur habe ich dabei immer übersehen, dass man den Weg auch gehen muss.

Mein Gatte, der zwar nichts gegen das positive Denken einzuwenden hatte, jedoch allem Neuen zweifelnd begegnete, war auch nicht gerade aufbauend für mich, sodass ich immer zwischen guten und schlechten Phasen hin- und herschwankte. In meiner miefigen Stimmung nahm ich, wie schon des Öfteren, ein Buch über das konstruktive Denken in die Hand; diesmal war es ›Nichts ist unmöglich‹ von Peter Kummer. Ganz allein zu Hause hatte ich genügend Zeit, darin zu lesen. Der ›Zufall‹ wollte es, dass ich bei dem Kapitel haften blieb, in dem der Autor beschrieb, dass die konsequente Anwendung von Suggestionen wichtig sei, und dass unsere Faulheit zunächst übertölpelt werden müsse. ›Das‹ hat mir sehr viel geholfen, zu denken gegeben, und ich fand mich darin als Musterbeispiel. Schon des Öfteren hatte ich Sugges-

tionen angewendet und nach ein paar Tagen wieder sein lassen, denn ich hatte ja immer Wichtigeres zu tun, und morgen war schließlich auch noch ein Tag. Ich spürte auf einmal, dass es wichtig ist, zu üben – wenn ich etwas erreichen will. So nahm ich Block und Bleistift zur Hand und schrieb mir meine ›Zauberformel‹ auf: ›Ich denke positiv. – Ich bin ein gewaltiger Erfolg. – Meine Ehe wird von Tag zu Tag immer besser.‹ Weiter stellte ich mir noch meine Suggestionen für die Spiegeltechnik zusammen: ›Ich bin sehr liebenswert. – Ich lebe in Harmonie und Frieden. – Ich ziehe alles Gute an.‹ Des Weiteren habe ich mir am nächsten Tag eine Endlos-Kassette gekauft, die ich ebenfalls mit meinen Suggestionen besprochen habe. Das alles wollte ich jeden Tag zur gleichen Zeit für zunächst etwa ein halbes Jahr anwenden, komme was da wolle. Als weitere Unterstützung habe ich mir in ein kleines Notizbuch in roter Leuchtschrift die Sätze ›Ich bin ein gewaltiger Erfolg, ich bin sehr liebenswert, meine Ehe wird von Tag zu Tag immer besser‹ notiert.«

Manchmal musste ich mich überreden

»Seit langem habe ich nicht mehr so gut wie in dieser Nacht geschlafen. Obwohl es am Anfang gar nicht so einfach war, jeden Abend vor dem Einschlafen meine Suggestionen zu sprechen und ich mich manchmal richtig dazu überreden musste, begann ich, diese auch nach dem Frühstück nochmals anzuwenden. Nach drei Wochen hatte ich auch keine Schwierigkeiten mehr, Bilder zu visualisieren. Ich stellte mir immer wieder vor, wie mein Gatte mich in die Arme nimmt und mir sagt, wie glücklich er mit mir sei und wie ich meinerseits das Gleiche dabei empfinde.

Mit der Spiegeltechnik machte ich auch schon Fortschritte. Wenn ich in einem Café zur Toilette musste, wurde es mir ein richtiges Bedürfnis, ganz ruhig, ohne Worte, nur in Gedanken meine Suggestionen zu sprechen. Packten mich an einem Tag Zweifel, so hatte ich ja immer mein ›Notizbüchlein‹ bei mir. Immer dann, wenn ich meine Zauberformel wieder gelesen hatte, ging es mir jedes Mal sofort besser, und es wurde mir wieder bewusst, was ich wollte. Meine Endlos-Kassette trat jede Nacht um 2.30 Uhr ihren Dienst an, kurzum – der Erfolg stellte sich schon sehr bald ein. Viele Bekannte und Freunde fragten mich, was wohl mit mir passiert wäre, ich sei in letzter Zeit so ausgeglichen, und irgendwie hätte ich immer eine viel bessere Ausstrahlung; ob ich im Lotto gewonnen hätte?«

Schon bald zeigten sich erste Erfolge

»Nach etwa drei Monaten erlebte ich ein wunderschönes Wochenende mit meinem Gatten, und nach langer Zeit konnten wir wieder einmal richtig gut miteinander sprechen. Ich wusste ganz genau: Das konstruktive Denken, die steten Suggestionen, die Arbeit an mir, das alles hatte sich bereits in hohem Maße bezahlt gemacht.

Nach einem weiteren Monat – ich spazierte mit meinem Gatten an einem Sonntag in der Höhe –, nahm er mich ganz unvermittelt in seine Arme und sagte mir wortwörtlich: ›Ich muss dir sagen, mein Schatz, dass es wieder so richtig schön ist mit dir. Ich bin sehr glücklich. Du bist die beste Frau, die es gibt.‹ Was das für mich bedeutete, das brauche ich Ihnen wohl nicht näher zu beschreiben. Mir wurde bewusst, dass, seit ich mich geändert habe, sich

vieles um mich herum ebenfalls geändert hat – und alles nur zu meinem ›Besten‹.
Seitdem ist einige Zeit vergangen. Es ist zu einem Bestandteil meines Lebens geworden, dass ich zweimal täglich meine Suggestionen spreche, die Spiegeltechnik benutze sowie das Endlosband in der Nacht, das sich immer noch im ›Dienst‹ befindet. Von all diesen kleinen Hilfsmitteln möchte ich mich aber auch nie mehr trennen. Obwohl ich jetzt noch sehr viel Arbeit an mir leisten muss, denke ich manchmal, wie gut ich mich doch jetzt fühle, wie viel besser es mir jetzt geht, wie viel glücklicher ich jetzt bin. Ich habe erfahren dürfen, wie einfach und wie schwer ich mich trotzdem getan habe, positiv zu denken.«

Man sieht es ihr an

Diesen Brief erhielt ich zusammen mit einer Seminaranmeldung, und so lernte ich die Schreiberin dieser Zeilen einige Wochen später in meinem Seminar kennen. Sie sprühte vor Begeisterung und bezeichnete das Seminar am Ende als eine Art »Jungbrunnen« für sich selbst. Noch vor ihrer Abreise sagte sie eine Teilnahme zu einem Termin, der drei Monate später stattfand, zu. Aber das nächste Mal, meinte sie, bringe sie auch ihren Mann mit, dem eine solche »Praxislektion«, wie sie sich ausdrückte, bestimmt auch sehr gut tun würde. Zwei Wochen vor dem nächsten Seminartermin erhielt ich dann das folgende Schreiben von ihr:
»Lieber Peter, mein Gatte und ich haben uns bei dir zum vorgenannten Seminar angemeldet, das wir nun leider absagen müssen. Meine Arbeit und die meines Gatten an

uns selbst hat reiche Früchte getragen. Die tägliche Konsequenz meiner Tiefenentspannung mit meinen persönlichen Affirmationen und dem Visualisieren haben Erfolg, sodass meine beiden innigsten Wünsche in Erfüllung gegangen sind: Ich habe jetzt eine wunderschöne, phantastische Wohnung; ich fühle mich sehr wohl darin und bin sehr glücklich, und auch meine neue Arbeit macht mir großen Spaß. Ich bin jetzt sehr happy, meine Fähigkeiten und Talente voll einsetzen zu dürfen, zum Wohle meiner Mitmenschen und zu meinem eigenen. Diese beiden Wünsche sind in Erfüllung gegangen, und ich weiß ganz tief innen: Was ich mir wirklich wünsche, das kommt auch zu mir.«

Den inneren »Schweinehund« überwinden

»Weißt du, Peter, deine Bücher haben mir auch sehr dabei geholfen. Habe ich doch deinen Ratschlag befolgt und konsequent mit den drei Arbeitsblättern gearbeitet; dies werde ich natürlich auch weiterhin tun. Ich kann mir gar nicht mehr vorstellen, ohne meine tägliche Arbeit an mir selbst zu sein. Es erfolgt wirklich nur Gutes, und ich bin innerlich wieder ein großes Stück weitergegangen, bin sehr ausgeglichen, und ich spüre intensiv, dass alles zum Besten bei mir angelegt ist. Wenn ich mir jetzt vorstelle, was ich früher mit meiner Zeit tat, dann verstehe ich mich im Nachhinein selbst nicht mehr. Am Anfang habe ich mich allerdings sehr schwer mit den Übungen getan, aber den ›faulen Hund‹, der immer wieder durchstoßen wollte, den habe ich inzwischen vor die Tür gejagt und mich endgültig von ihm verabschiedet. Das schöne beim neuen Wohnungsvermieter war, dass er – als er uns

gesehen hatte – schon sehr viel Interessenten für die Wohnung hatte. Er äußerte sich jedoch von Anfang an dahin gehend, dass ihm etwas in seinem Inneren sagen würde, wir seien seine Idealmieter. Er zeigte sich sehr kulant und sehr großzügig, und am Schluss erwähnte er noch, dass er immer nur nach seinem Gefühl entscheide. Quintessenz: Wir haben die Wohnung, und bei Vertragsabschluss sind wir darauf gekommen, dass er sich seit Jahren schon mit den Büchern von Dr. Murphy auseinander setzt. Er sagte selbst von sich, dass er ein ganz anderer Mensch geworden sei und ihm nur noch Gutes zufalle. Da habe ich erneut gestaunt: Gleich und Gleich gesellt sich eben gern. Das war ein ›Zu-fall‹ für uns. Auch mit meiner neuen Arbeitsstelle war es so: Die Personalchefin, die mir im ersten Augenblick so sympathisch war, sagte mir, dass sie immer nur nach dem Gefühl entscheide und sie sofort gespürt habe, dass ich es sei, die diese Stelle besetzen könne. Am 19.10. besuche ich nun einen zweiwöchigen Einführungskurs in meinen neuen Berufszweig, und anschließend werden wir die Wohnung einrichten, die wir bereits am 22.09. beziehen. So haben wir uns überlegt, wie wir es mit dem Seminar machen wollen. Aber es ist jetzt nicht der richtige Zeitpunkt, mich zwischen Wohnung, neuer Arbeitsstelle und dem Seminar bei dir zu entscheiden. Deshalb hoffe ich sehr, dass du mich und meinen Gatten verstehen kannst, wenn wir letzteres auf einen späteren Zeitpunkt verschieben müssen. Ich freue mich jetzt schon darauf, bald wieder ein Seminar, diesmal zusammen mit meinem Mann, bei dir besuchen zu dürfen. Dies ist nach wie vor sehr aktuell und wichtig für uns beide, und wir freuen uns heute schon sehr darauf, von euch allen wieder verwöhnt und betreut zu werden. Ihr seid einfach super.«

Bei einem Seminar in Wien erlebt

Als ich im letzten Herbst ein Seminar in Wien abhielt, kam eine junge Dame auf mich zu und fragte mich, ob ich ihr dabei helfen könne, eine Art Blockade, die sie zu spüren glaubte, zu überwinden. Sie erzählte mir, dass sie täglich mit dem konstruktiven Denken zu arbeiten versuche, aber die Umwelteinflüsse in Privat- und Berufsleben sie immer wieder aus der Bahn werfen würden. Sie selbst, fuhr sie fort, würde sich vorkommen, als ob sie vor einer Hürde stehen würde, über die sie einfach nicht rüberkommt, und sie fragte mich, nachdem Monika und ich während des Seminars nochmals darauf hinwiesen, dass Blockaden oft schon in frühester Kindheit aufgebaut werden, ob und wie sie so etwas auflösen könne. Natürlich können Monika und ich – genauso wenig wie jeder andere auch – feste Zusagen in Bezug auf schnelle Problemlösungen machen, aber wir empfahlen ihr, einmal nach Bad Mergentheim zu kommen und an einem unserer Drei-Tages-Aktiv-Seminare teilzunehmen. Da sie nichts mehr wollte, als endlich einen Schritt weiterzukommen in Sachen Beruf und Partnerschaft, versprach sie, beim nächsten Termin, der bereits drei Wochen später stattfand, dabei zu sein. Schon als ich das Seminar eröffnete, sah ich Susannes Offenheit und ihre Bereitschaft, sich in diese drei Tage so richtig »hineinfallen« zu lassen, und genau das tat sie dann auch mit viel Erfolg. Als wir uns am Sonntagnachmittag voneinander verabschiedeten, meinte sie, sie sei jetzt zwar nur noch müde, aber wie wir beide an ihrem Gesichtsausdruck sahen, war in Susanne eine sehr große und positive Veränderung vorgegangen. Kurz darauf erhielt ich dann von ihr den nun folgenden Brief:

Was in drei Tagen so alles passieren kann

»Der Rückflug war phantastisch. Ich fühle mich unbeschreiblich. Es ist so, als hätte ich eine Familie gefunden. Traurig ist nur, gleich wieder fort zu müssen.
Meine Kinder sind krank, aber mein Unterbewusstsein hat das so getrickst, dass ich das wirklich erst bei meiner Rückkunft erfahren konnte. Ich hätte sonst den ganzen Samstag in Sorge um meine Kinder verbracht. Ich meine, sie waren in guten Händen, und es ist o.k.; aber ich bin davon unberührt geblieben bei euch allen. Es ist erstaunlich, was in drei Tagen passieren kann. Danke.«
Ich erinnerte Susanne in meinem Antwortbrief nochmals an ihre täglichen Affirmationen und Imaginationen, die wir während des Seminars für sie zusammenstellten, und bat sie, sich wieder bei mir zu melden, wenn sich beruflich oder partnerschaftlich etwas Positives ereignet hätte.
Das Frühjahr und der Sommer vergingen ohne Nachricht aus Wien; dann, Mitte September, kam der nun folgende, zweite Brief:
»Lieber Peter, Folgendes ist passiert. Job: Nachdem ich im Februar vom Seminar zurückkam, arbeitete ich an zwei Dingen gleichzeitig. Da ich nicht genau wusste, welchen beruflichen Weg ich einschlagen sollte, stellte ich mir vor, ich erzähle meiner besten Freundin aufgeregt am Telefon von einem sensationellen Jobangebot. Oder mein noch unbekannter Chef gratuliert mir herzlich zu der hervorragenden Arbeit, die ich geleistet habe.
Des Weiteren beherzigte ich auch noch einen Satz aus deinem Buch, der lautet: ›Ich glaubte hundertmal pro Tag.‹ Ein Dauergebet sozusagen für mich, das beim Arbeiten von mir immer wiederholt wurde und nicht störend war, ganz im Gegenteil, es machte sogar richtig Spaß.

Mit der Zeit wurde ich allerdings sehr nervös und bekam eine Krise, da der Gedanke an eine neue Arbeit immer dringender wurde und ich in meinem Job nicht wirklich gefordert war. Ich beschloss Folgendes: Ich sagte mir: ›Innerhalb des nächsten Monats kommt die richtige Arbeit zu mir. Ich muss nicht mehr darüber nachdenken. So wird es geschehen. Ich weiß nicht, was es ist, aber ich werde es unmissverständlich erkennen.‹«

Der Boss wollte mich sprechen

»Ich erzählte das auch meinem Freund und sagte ihm, wie ich dieses Problem zu lösen gedachte. Zwei Wochen später wurde ich zu meinem Boss gerufen. Ich war sehr verwirrt, denn mein erster Gedanke war, ich habe irgendetwas falsch gemacht und werde jetzt zur Rechenschaft gezogen. Total nervös trat ich vor den Manager. Die Frage, die mir gestellt wurde, traf mich wie ein Keulenhieb. ›Frau Wagenmeier, wollen Sie Staff-Trainer werden?‹ Ohne mit der Wimper zu zucken, kam mein ›Ja‹, obwohl ich gar nicht wusste – und zu dieser Zeit wusste das noch niemand –, was das bedeutet. Seither ist viel passiert; ich kann das jetzt gar nicht alles erzählen, aber die Richtung ist klar. Ich kann endlich meine Talente einsetzen. Es ist zwar eine komplett neue Sache, ich habe viel zu lernen und einige Male dachte ich: Auf was habe ich mich da eingelassen! Aber ich gehe diesen interessanten Weg, um zu lernen, mich weiterzuentwickeln, und meine innere Kraft ist dabei mein Partner.

Aber das wirkliche Wunder passierte auf einer ganz anderen Ebene. Ich kenne schon seit längerer Zeit einen Mann; wir haben zusammen in derselben Firma gearbei-

tet und hin und wieder längere Gespräche geführt. Ich mochte ihn gerne, er gab allerdings später seinen Job auf, um Masseur zu werden. Trotzdem besuchte er mich des Öfteren im Geschäft, und wir führten so unsere Gespräche weiter. Irgendwann kam er dann zum Mittagessen vorbei und fragte, ob ich nicht mit ihm zusammen speisen wolle. Ja klar, sagte ich, denn wir hatten bis dahin nie wirklich Zeit gefunden, um einen Kaffee trinken zu gehen, und ich war sehr offen für neue Freunde, nachdem ich endlich aus meiner alten Beziehung raus war. Nach dieser Mittagspause wusste ich: Ich habe einen Freund gefunden. Was mir während dieses Essens auffiel, waren seine warmen Augen; voll Leben, aber auch voller Fragen. Es folgte ein Abendessen, viele Briefe und Telefonate, und eine wunderbare Reise begann, einfach so. Unglaublich harmonisch, liebevoll, ehrlich, voller Achtung, einfach wunderbar. Er ist geschieden und hat einen Sohn; er mag meine beiden Kinder, und sie mögen ihn; sein Sohn versteht sich gut mit ihnen, und wir verbringen zu fünft sehr schöne Wochenenden.«

Ich werde geliebt

»Ganz langsam wächst die Liebe, wird stark und tief, und mit diesem Menschen bekommt auch das Wort Partnerschaft wieder eine Bedeutung für mich; ich weiß, ich kann mit allen Gedanken, Sorgen oder Problemen zu ihm kommen, denn er ist mein bester Freund; ich liebe und werde geliebt. Es ist einfach schön mit ihm. Keine Streitereien, kein einziges Mal in diesen sechs wunderbaren Monaten, und es ist auch weiterhin nichts Derartiges in Aussicht. Ich brauche mir auch nichts mehr dazuzuträu-

men, weil die Realität die Träume schon längst überholt hat.
So ist ein Traum wahr geworden, ohne dass ich es gemerkt habe, oder besser: Ich musste mich nicht anstrengen, und ich bin sehr dankbar für diese Entwicklung.
So, das sind also in Kurzfassung die Veränderungen, die in meinem Leben eingetreten sind. Lieber Peter, ich denke, wir sehen einander im Februar wieder, bis dahin verbleibe ich mit den besten Wünschen und Grüßen.«
Natürlich ist es auch für Monika und mich immer eine große Freude, wenn wir solche Briefe erhalten wie den von Susanne, und wir freuen uns beide sehr darauf, sie bald wiederzutreffen, um ihr zu ihren phantastischen Erfolgen persönlich gratulieren zu können.
Peter Horton schreibt in seinem Buch »Die andere Saite« dazu: »Der Unwissende sucht, wenn er ein bescheidenes Herz hat, noch die Quelle; der Dumme behauptet, sie zu kennen, aber nicht zu brauchen.«

Die Erlebnisse von Elisabeth

Zum guten Schluss möchte ich Ihnen noch von Elisabeth berichten, die ich nach einem Vortrag in Fellbach bei Stuttgart kennen lernte. Auch sie hatte schon jahrelange Erfahrungen mit dem konstruktiven Denken und stand plötzlich vor einer scheinbar unbezwingbaren Wand. Wir alle, die wir diese Arbeit schon seit vielen Jahren machen, wissen, dass so etwas ganz normal ist, denn auch beim konstruktiven Denken geraten wir manchmal wieder in alte, eingefahrene Geleise und Bahnen, und wenn dann das Leben wieder von uns fordert, wir sollten einen weiteren Schritt nach vorne tun, können wir oft mangels Flexibilität aus diesen selbst geschaffenen Begrenzungen nicht gleich wieder heraustreten. Gewohnheiten – egal welcher Art – sind aber etwas furchtbar Störendes. Gerade in solchen Fällen, wo neue Bewegung und neue Wege gefragt sind. Doch eines ist ganz sicher: Das, was uns vorgesetzt wird, können wir auch bewältigen. Das Leben ist wie eine Schule: Geprüft wird nur der Stoff, den man schon einmal gelernt hat; ob man ihn beherrscht, zeigt sich eben in der Prüfung. Nun also zum Brief von Elisabeth.

Meine phantastischen Erfolge bei der Prüfungsvorbereitung

»Solange ich in der Finanzverwaltung tätig war, wurde mir immer – mehr oder weniger deutlich – gesagt, dass ich aufgrund meiner Abschlussnote (eine schlechte Drei auf der Fachhochschule) nichts kann und nichts tauge. Dies habe ich meinen Chefs und den Amtsleitern aber nicht geglaubt, sowohl in Stuttgart als auch in Freiburg nicht, wo ich von 1990 bis 1992 wohnte. Im Mai 1991 – ich steckte bereits in der Vorbereitung zur Steuerberaterprüfung – besuchte ich dann einen Silva-Mind-Kurs in Köln. Hierbei erhielt ich das Werkzeug zum Visualisieren. Nachdem ich diesen Kurs absolviert hatte, habe ich bis zur schriftlichen Prüfung in der ersten Oktoberwoche 1991 zweimal täglich imaginiert. Ich stellte mir bildlich vor, wie ich den Brief mit den Prüfungsergebnissen erhielt. Ferner stellte ich mir die Gesamtprüfungsnote von 3,8 vor (Anmerkung: Die Steuerberaterprüfung in Baden-Württemberg hat eine Durchfallquote von fünfzig Prozent. Mit der Prüfungsnote 4,0 ist man bereits gut).

Bevor ich meine Klausur jeweils abgab, hüllte ich sie in einen imaginären Energiekreis ein. Die drei Monate bis zur mündlichen Prüfung verwendete ich darauf, meinen Prüfern Energie zu senden.
Am 7. Januar 1992 erhielt ich dann meine Ergebnisse. Prüfungsnote 3,83!
Aus meinem Vorbereitungskurs mit über vierzig Teilnehmern waren nur sechs Personen besser als 4,0.
Auch die mündliche Prüfung lief genauso, wie ich sie visualisierte. Ich war – wie von mir gewünscht – in die Vormittagsgruppe eingeteilt. Auch das rote Kostüm, das ich während meiner Visualisierung immer trug, hatte ich zuvor innerhalb von einer Stunde in einem Geschäft in der Fußgängerzone gefunden.«

Die innere Führung funktioniert

»Im Herbst 1992 verließ ich Freiburg und zog mit meinem Mann nach Heilbronn. Mit dem Umzug verließ ich auch die Finanzverwaltung. In Heilbronn fiel ich zunächst in ein tiefes Loch. Das Meditieren und Imaginieren fiel mir schwer, und ich hatte Schwierigkeiten, meinen Lebensrhythmus zu finden. Im Januar 1994, als es mir gerade wieder miserabel ging, landete ich ›zufällig‹ bei einem Vortrag von dir in Fellbach. Nach diesem Vortrag kaufte ich mir dein Praxisbuch ›Nichts ist unmöglich‹, welches mich nicht mehr losließ. Bereits im Februar 1994 meldete ich mich zu einem Seminar im März an. Anfang März überkamen mich dann starke Zweifel, ob ich überhaupt hinfahren sollte, da mich einige Mandanten unter Druck setzten beziehungsweise ich mich setzen ließ. Ich fuhr trotzdem – und war begeistert! Ich war

erstaunt, wie viele Blockaden in mir steckten und wie sich das alles löste! Ausgerechnet ich, die geglaubt hatte, recht weit zu sein, weil ich mich schon seit vielen Jahren mit dem Thema ›Konstruktives Denken‹ beschäftigte! Mir ist bewusst geworden, dass ich meine derzeitige Situation selbst geschaffen habe. Jetzt ›baue‹ ich meine Zukunft. Beim Seminar kaufte ich dann ein weiteres Buch von dir, ›Ich will, ich kann, ich werde‹, mit dem ich zur Zeit arbeite. Ich bin gespannt, was jetzt und in der Zukunft noch an Erfreulichem auf mich zukommt.«

Soweit der Brief von Elisabeth. Keine drei Monate nach Eingang dieses Schreibens rief sie mich an und berichtete mir total begeistert, dass sie zwischenzeitlich nicht nur ihren Umsatz als Steuerberaterin verdoppelt habe, sondern auch ihre Ehe, die eine Zeit lang am Ende zu sein schien, wieder wunderbar funktionierte und sie sich nicht zuletzt deshalb ganz besonders »super« fühlen würde.

14. Kapitel

Oft steckt der Vorteil mitten im dunkelsten Nachteil

- So kann's gehen
- Der Geist: Brutstätte des Wunsches
- Eine wundersame Wandlung
- Wie ein Geschäftsmann seine Firma rettete
- Es regnete in Strömen
- Manchmal ist ein Schock notwendig und heilsam
- Der richtige Einfall
- Es war wie verhext
- Das Wunder
- Die Antwort
- Mohammed und der Berg
- Das Fest der Altkunden
- Herab vom hohen Ross
- Millionen bedürfen der Hilfe

So kann's gehen

Wie präzise das ewige Gesetz von Ursache und Wirkung arbeitet, beschreibt die folgende Parabel, die ich Ihnen nun gerne erzählen möchte, recht zutreffend:

»*Schicksal: Ein Gottsucher, der auf der Straße bettelte, sagte immer wieder: ›Was einer tut, das wird er ernten.‹ Eine Mutter, die das hörte, argwöhnte, er würde das nur sagen, um die Leute zu bekräftigen, ihm Gutes zu tun. Deshalb wollte sie seine Worte erproben, nahm zwei Pfannkuchen und tränkte sie mit starkem Gift. Der Gottsucher nahm die beiden Pfannkuchen und die anderen Speisen, die ihm reichlich geschenkt wurden, dankbar an, wusch sich an einem Brunnen und setzte sich in den Schatten eines Baumes, um sein Mahl zu verzehren, als zwei Knaben spielend dorthin kamen.*

Der Anblick der zarten Kinder erfreute den Gottsucher so sehr, dass er ihnen die Pfannkuchen schenkte. Die Kinder aßen sie, tranken Wasser darauf, legten sich unter einem Busch nieder, und als das Gift seine Wirkung tat, starben sie.

Als die Dämmerung kam, wurde die Mutter unruhig und suchte nach ihren Söhnen. Sie fand sie vergiftet unter einem Busch liegen, glaubte aber, sei seien von einer Schlange oder einem anderen giftigen Tier getötet worden. Am nächsten Tag aber sah sie den Gottsucher wieder auf der Straße: ›Was einer tut, das wird er ernten.‹«

(Aus dem Buch »Gleichnisse«, erschienen im Param Verlag, Ahlerstedt.)

Nehmen Sie sich diese sehr alte Geschichte am besten dann vor, wenn Ihnen wieder einmal Zweifel an diesen ewig gültigen Wahrheiten kommen. Arbeiten Sie mit diesen geistigen Kräften und nehmen Sie sich jeden Tag ein gewisses Maß an Zeit dafür. Halten Sie sich aber auch fern von Sekten und esoterischen Fanatikern, die Ihnen erzählen wollen, dass Meditation und Kontemplation nicht mit dem Leben in der heutigen Industriegesellschaft, mit Wohlstand und Lebensfreude vereinbar wären und Ihnen raten, sich von Hab und Gut zu trennen um der Welt zu entsagen. Meist bekommen Sie von diesen Leuten nämlich am Schluss noch deren Kontonummer, damit Sie sich leichter dieses »weltlichen Schmutzes« entledigen können.

Der Geist: Brutstätte des Wunsches

Es mag vielleicht für Menschen in Tibet oder in anderen Ländern Asiens eine Alternative sein, mit geschorenem Kopf in einer Höhle zu hausen und sich von selbst gesammelten Wurzeln und Wasser zu ernähren. Aber Sie sind hier in der westlichen Welt geboren, und glauben Sie mir: Es hat sich jemand etwas dabei gedacht, dass Sie hier und heute da sind, wo Sie sich jetzt befinden. Dr. Murphy sagte einmal: »Wer Geld verdammt, der ist geistig krank.« Stellen Sie sich also ruhig ein schönes Haus mit einem Swimmingpool vor, wenn Sie sich ein solches wünschen. Lassen Sie sich nicht einreden, Sie seien selbstsüchtig und egoistisch, wenn Sie so denken. Ihre Kritiker sind entweder neidisch oder dumm. Werden Sie bitte auch nicht zu Duckmäusern und Prügelknaben Ihrer Umwelt, nur weil Sie einmal den Bibelspruch gelesen aber seinen Sinn nicht begriffen haben, dass man auch die andere Wange hinhalten soll, wenn man auf die eine geschlagen wurde. Wehren Sie sich Ihrer Haut, aber senden Sie keinen Hass und keine Ressentiments anderen gegenüber aus, denn beides kann, wie Sie ja inzwischen wissen, schnell wieder auf Sie zurückfallen. Wenn Sie ein geselliger, lebenslustiger Mensch sind und gerne auf Parties und andere Feste gehen, so tun Sie das selbstverständlich weiterhin. Ich will mit diesem Buch nur erreichen, dass Sie einen sehr wichtigen Teil Ihres Seins, den leider noch die allerwenigsten von uns kennen, aktivieren und damit arbeiten, um Ihr Leben von einer neuen, sehr schönen und aufregenden Seite völlig neu zu entdecken.

Sehen Sie mich an, wenn Sie wollen. Ich liebe das Leben und seine vielfältigen Möglichkeiten, aber ich habe absolut keine Ambitionen, irgendwann einmal heilig gesprochen zu werden. Positiv-konstruktives Denken hat sehr wenig mit der herkömmlich praktizierten Religion, aber sehr viel mit gesundem Menschenverstand und ausschließlich mit Vertrauen zu Gott und zu seiner Schöpfung zu tun. Jeder hat das Recht, so zu sein, wie er sein möchte. Andererseits hat er aber auch die Möglichkeit, sich zu verändern und weiterzuentwickeln, denn genau dazu gab ihm sein Schöpfer von Anfang an Bewusstsein und Unterbewusstsein – ähnlich einem Zauberstab, nur die technische Anleitung wird in den meisten Fällen erst viel später von anderen nachgereicht.

So sollten Sie die Dinge sehen und ganz einfach damit beginnen, Ihr Ziel zu verwirklichen. Denken Sie daran: Alles, was Sie sich vorstellen können, das können Sie auch erreichen. Werfen Sie Ihre Vorurteile am besten heute noch über Bord und investieren Sie täglich ein klein wenig Zeit, und wenn nötig auch Geld, in sich selbst und in eine bessere und gesündere Zukunft.

Eine wundersame Wandlung

Catherine Ponder, die große amerikanische Erfolgsautorin (»Die dynamischen Gesetze des Reichtums«, »Bete und werde reich«, »Die Heilgeheimnisse der Jahrhunderte«, Peter Erd Verlag, München), berichtete einmal von einem Mann, der sie an einem kalten Wintertag besuchte und um Rat fragte. Er hatte ständig Leibschmerzen, war arbeitslos, einsam, unglücklich und in jeder Beziehung fix und fertig. Sie schrieb weiter, dass er der größte Nörgler war, der ihr je begegnet ist. Er war sauer auf alles, speziell auf Politiker, ob von Regierung oder Opposition, und er machte folglich auch all diese Leute für seine eigenen Schwierigkeiten verantwortlich. In einem langen Gespräch machte Catherine Ponder diesem Mann klar, dass die Politiker beileibe nicht schuld seien an seinem Zustand, sondern dass lediglich seine Unversöhnlichkeit und Kritiksucht die Ursache seiner Misere waren.

Als er dies begriffen hatte, änderte er von heute auf morgen seine Einstellung, und als sie ihn nach mehreren Monaten wieder traf, erkannte sie ihn fast nicht wieder. Er war sauber und adrett gekleidet und frei von jeglichen Schmerzen. Er hatte inzwischen einen guten Job, eine schöne Wohnung und war verlobt. Sie schrieb: *»Er heiratete später, und was sein Privatleben und seinen Beruf betraf, so gab es wenig, was er sich wünschte und nicht bekam. Die Macht der Gedanken!«*

Auch dieses Beispiel belegt eindeutig, was damit gemeint ist. Das einzige was ich immer wieder bei den amerikanischen Lebenslehrern feststelle ist, dass der Eindruck entsteht, dies alles wäre innerhalb von nur wenigen Tagen möglich, und genau deshalb scheitern so viele, weil sie meist zu früh aufgeben.

Wie ein Geschäftsmann seine Firma rettete

Ein mir bekannter Geschäftsmann erzählte mir einmal von einer finanziellen Sorge, nachdem er über eine Bekannte seiner Frau an mein Buch »Wunderwerk Unterbewusstsein« gekommen war. Vor einiger Zeit, so erzählte er, übernahm er von seinem Vater eine kleine Lederwarenfabrik. Schon bei der Übernahme war das Unternehmen nicht gerade auf Rosen gebettet, und nach einigen Jahren kreiste bereits der Pleitegeier immer heftiger über den Fabrikanlagen. Nachdem seine Hausbank schon sehr lange mitgespielt hatte und ihn finanziell am Leben erhielt, kam dann unweigerlich doch der Tag der Wahrheit, und zwar an einem Mittwochmorgen im April. »Die Bank«, so der stellvertretende Direktor damals, »kann Ihnen noch maximal 48 Stunden Zeit einräumen, um einen Umsatz- beziehungsweise Auftragsnachweis von mindestens 600000 Mark vorzulegen; anderenfalls sehen wir uns leider dazu gezwungen, Ihnen den Kreditrahmen zu kündigen.« Nun war guter Rat teuer.

Es regnete in Strömen

»Weil ich auf der Fahrt in die Firma mit Sicherheit einen Unfall gebaut hätte, denn meine Gedanken überschlugen sich fast, ließ ich kurzerhand meinen Wagen stehen und lief die wenigen Kilometer in den Betrieb zu Fuß. Erstens tat mir die frische Luft nach diesem Schock gut, und zweitens überlegte ich verzweifelt, was ich in zwei Tagen alles tun könne, um meine Firma noch retten zu können. Plötzlich fing es fürchterlich zu regnen an, und

ich suchte Schutz unter dem Vordach einer Buchhandlung. Weil ich sowieso gerade nichts Besseres tun konnte, schaute ich mir die Auslage dieser Buchhandlung an und entdeckte dort Ihr Buch ›Nichts ist unmöglich‹. Etwas sarkastisch brummte ich vor mich hin: ›Das passt ja zusammen wie die Faust aufs Auge‹, als ich las, dass der Name des Autors auch noch ›Kummer‹ lautete. Trotzdem – in solchen Situationen greift man nach allem, was sich einem als mögliche Hilfe bietet (Danke für die Blumen; Autor) – ging ich in diese Buchhandlung hinein.
Nachdem ich dieses ›Machwerk‹ kurz durchgeblättert hatte, entschloss ich mich sofort, es zu kaufen. Neunundzwanzig Mark, das konnte ich mir gerade noch leisten, und so wurde dieses Buch noch am gleichen Abend zu meiner Bettlektüre.«

Manchmal ist ein Schock notwendig und heilsam

»Ich erkannte sehr schnell, wo mein Problem in Wirklichkeit lag, nämlich darin, dass ich mich jahrelang damit abgab, wie ich all die finanziellen Löcher stopfen konnte, und ich begriff, dass mich die Energie, die ich die ganze Zeit in Probleme statt in Lösungen steckte, genau dorthin führte, wo ich mich jetzt befand. Ich hatte auch verstanden, dass – wenn ich dies alles früher gewusst hätte – die Firma heute mit Sicherheit keine Probleme mehr hätte. Aber was nun, das Wasser stand mir doch schon bis zum Hals, was halfen mir noch Bejahungen? Ich brauchte eine sofortige und schnelle Lösung, wenn ich meine Firma und die dortigen Arbeitsplätze retten wollte. Als ich dann die Geschichte von John las, den das Schutzgebet seiner Mutter zwar einige Beulen und unfreiwillige Stunden im einem Kohlenkeller einbrachten, ihn aber andererseits erfolgreich daran hinderten, die Todesfahrt mit der ›Titanic‹ anzutreten, fiel mir plötzlich meine Großmutter wieder ein, die immer zu sagen pflegte: ›Wenn du weder ein noch aus weißt, merke: Gottes Hilfe ist immer sehr nahe.‹ Ich überlegte, wann ich wohl zuletzt gebetet hatte, und stellte nach einigem Nachdenken fest, dass dies wohl während meiner Kindheit gewesen sein musste. Richtig, jetzt fiel es mir wieder ein, ich war von einigen Spielkameraden im Keller einer alten Ruine eingeschlossen worden, und als ich in meiner Verzweiflung dann weinend und frierend um Hilfe betete, erschien tatsächlich bald darauf ein Landstreicher, der anscheinend des Öfteren in diesem Keller übernachtete. Dieser Tramp entdeckte mich, trocknete mir die Tränen, sprach mir etwas Trost zu und ließ mich frei. Abends im Bett dankte ich dann Gott für seine Hilfe, denn ich war damals zutiefst überzeugt davon, dass mich nur mein Gebet gerettet hatte.«

Der richtige Einfall

»Plötzlich kam mir der Gedanke: Warum betest du denn nicht jetzt wieder, diesmal eben um die Rettung deiner Firma vor dem Ruin? Aber konnte ich Gott damit überhaupt belästigen? Ein Hoffnungsfunke glühte in mir auf, der meinen ganzen Körper wärmte, und ich begann zu überlegen, was ich wohl in dieser Situation für ein Gebet verwenden könne. Sie hatten geschrieben: ›... bitten Sie nicht um etwas Selbstverständliches, seien

Sie nicht wie ein Bettler vor der Tür des Überflusses, sondern beginnen Sie kühn das zu fordern, was Sie begehren und was Ihnen zusteht.‹ Ich schlug die Bettdecke zurück und holte mir zunächst einen Cognac aus der Hausbar. Der Gedanke, dass doch noch eine Chance bestehen könnte, meine Firma zu retten, indem ich erfolgreich betete, elektrisierte mich geradezu, und ich spürte wieder neue Kraft, Unternehmungsgeist, Zuversicht und einen gewaltigen Energieschub. Sofort begann ich, ein Gebet zu formulieren; aber jedes Mal, wenn ich eine knappe Zeile geschrieben hatte, knüllte ich das Papier auch schon wieder zusammen und warf es zur Seite. Kurz vor Mitternacht entschloss ich mich dann zu einem spontanen Nachtgebet ohne Manuskript, und so begann ich: ›Lieber Gott, ich weiß, ich habe schon lange nicht mehr zu Dir gebetet, aber heute muss ich einfach mit Dir sprechen. Ich danke Dir für die Kraft, die ich jetzt brauche, um meine Firma am Leben zu erhalten, und ich danke Dir für Deinen Beistand und eine glückliche Lösung für alle Beteiligten. Amen!‹ Dann schlief ich ein. Am nächsten Morgen fuhr ich schon sehr bald ins Büro, kochte mir eine Tasse Kaffee und las weiter in meinem neu erstandenen Buch. Als meine Angestellten so nach und nach eintrafen, legte ich es zur Seite und wartete auf das ›Wunder‹, also auf die Antwort auf mein Gebet. Die Stunden vergingen, aber nichts tat sich, außer dass meine Gläubiger anriefen und wieder einmal um ihr Geld baten. Als es dann 19 Uhr war, fuhr auch ich nach Hause, denn ich hatte nun noch genau 21 Stunden Zeit, etwas für die Rettung meiner Firma zu tun, und die Lage war seit gestern um keinen Deut hoffnungsvoller geworden. Nochmals betete ich am Abend inbrünstig um Hilfe, bevor ich einschlief. In dieser Nacht schlief ich dann – im Gegensatz zu den vielen vorangegangenen zuvor – zum ersten Mal völlig gelöst bis um sieben Uhr früh durch.«

Es war wie verhext

»Auch am darauf folgenden Tag tat sich nichts Wesentliches, und um 15.50 Uhr rief ich resigniert die Bank an, um ihr mitzuteilen, dass ich nichts, aber auch gar nichts erreicht hätte und sie nun bitte das tun sollen, was sie nicht lassen könnten. Meine Angestellten wussten zwar, dass es nicht gerade rosig um uns stand, aber dass wir Mittschiffs bereits ein großes Loch im Rumpf hatten, ununterbrochen Wasser nahmen und es eigentlich nur noch heißen konnte: ›Rette sich, wer kann!‹ – das wussten sie in dieser Deutlichkeit nicht. Inzwischen – ich hatte Ihr Buch wieder zur Seite gelegt und auch die Gebete eingestellt – war der ›Tag danach‹ angebrochen, und ich musste gezwungenermaßen in den sauren Apfel beißen und meine Angestellten informieren. Gleich um 9 Uhr morgens ließ ich alle Mitarbeiter in mein Büro kommen, um ihnen die Hiobsbotschaft zu überbringen. Natürlich waren alle ziemlich geschockt, als sie die volle Wahrheit erfuhren, aber was sollte man sich noch gegenseitig Vorwürfe machen, der ›Käse‹ war ja schon so gut wie gegessen.«

Das Wunder

»Noch während ich zu ihnen sprach, läutete das Fax-Telefon im Nebenzimmer, und meine Sekretärin ging kurz nach draußen, um nachzusehen, worum es sich handelte. Plötzlich hörten wir einen markerschütternden Schrei aus ihrem Büro. ›Jaaaaaa!‹ Wir blickten alle in Richtung Tür, in der meine gute Brigitte stand und mit hochrotem Kopf verkündete: ›Soeben, meine lieben Freunde, hat uns die Firma XY mitgeteilt, dass sie uns – vorausgesetzt, wir sind in der Lage, die Lieferbedingungen einzuhalten – einen Auftrag in Höhe von 1,8 Millionen Mark erteilt!‹ Ich sprang aus meinem Sessel auf, riss ihr das Fax aus der Hand, fragte kurz die anwesenden Mitarbeiter, ob wir die Bedingungen, die ich ihnen vorlas, mit Nachtschicht und Wochenendarbeit einhalten könnten, und als alle diese Frage spontan bejahten, ging ich zum Telefon und informierte meine Bank über dieses wundersame Ereignis. Einen Tag später – wir alle hatten einen noch etwas schweren Kopf vom Feiern – überbrachte ich meiner Bank dann persönlich die schriftliche Auftragsbestätigung meines Kunden, und meine Kreditlinie wurde daraufhin sofort wieder neu aktiviert.«

Die Antwort

»Als ich an diesem Abend nach Hause kam, holte ich mir wieder Ihr Buch aus dem Regal. Was hatte sich in nur drei Tagen alles ereignet, dachte ich bei mir, während ich wieder zu lesen begann, und als ich zu Bett ging, dankte ich nicht nur meinem Schöpfer für dieses Wunder, sondern ich nahm mir auch ganz fest vor, zukünftig durch ein tägliches Imaginationsprogramm dafür zu sorgen, endgültig aus meinem bisherigen Mangeldenken auszusteigen. Übrigens hat sich die neue Geschäftsverbindung mit meinem damaligen Auftragge-

ber inzwischen so vertieft, dass wir für die nächsten eineinhalb Jahre bereits ausgebucht sind.«
Dies war die Geschichte eines erlebten »Wunders«, das wohl alle Außenstehenden, die es damals miterlebten, für einen glücklichen »Zufall« hielten.
An dem Spruch: »Wenn die Not am größten ist, ist Gottes Hilfe am nächsten!« ist eine ganze Menge dran. Probieren Sie es selbst aus – Sie werden erstaunt sein, wie es sich immer wieder bewahrheitet.

Mohammed und der Berg

»Dem Mohammed wollten es anfänglich nicht alle von seinen Landsleuten glauben, dass er ein Prophet sei, weil er noch kein Wunder getan hatte wie beispielsweise Elias. Dazu sagte Mohammed ganz gleichgültig wie einer, der eine Pfeife Tabak raucht und etwas dazu redet: ›Das Wunder macht den Propheten noch nicht aus. Wenn ihr es aber verlangt, so werden ich und jener Berg dort geschwind beieinander sein.‹ Er deutete auf einen Berg, der eine Stunde weit entfernt war, und rief mit gebietender Stimme, der Berg solle sich von seiner Stätte erheben und zu ihm kommen. Als aber dieser keine Bewegung machen und keine Antwort geben wollte, wie wohl keine Antwort auch eine ist, so ergriff Mohammed sanftmütig seinen Stab und ging zum Berg, womit er ein merkwürdiges und nachahmenswertes Beispiel gab, auch für solche Leute, die keine Propheten zu sein verlangen, nämlich dass man das, was man selbst tun kann, nicht von einem wunderbaren Verhängnis oder von Zeit und Glück oder anderen Menschen verlangen soll.« (Hebel)
Wir alle kennen dieses Beispiel, aus dem der bekannte

Satz: »Wenn der Berg nicht zum Propheten kommt, dann muss eben der Prophet zum Berg kommen« abgeleitet ist. Ich bin heute überzeugt davon, dass manche »Pleite« verhindert werden könnte, wenn sich die jeweiligen Firmenchefs an diesen Leitsatz halten würden.

Das Fest der Altkunden

Ein Bekannter erzählte mir einmal, wie schlecht seine Immobilienfirma laufen würde. Er »saß« seit einigen Monaten schon auf mehreren Objekten, unter anderem einigen Bauplätzen, die er einfach nicht loswerden konnte. Den ganzen Tag über war er am Jammern, und als Ausrede, dass man daran sowieso nichts ändern könne, zog er diejenigen, bei denen es ebenfalls nicht lief, als bestätigendes Beispiel heran.
Eines Tages kam er dann auf die Idee, alle seine Kunden aus der Vergangenheit zu einem kleinen Fest einzuladen. Er investierte ein paar hundert Mark in Bier, Würstchen und Luftballons und ließ sich von einer Brauerei zehn Tische und die dazugehörigen Bänke liefern, und veranstaltete im Garten vor seinem Musterhaus eine so genannte »Altkundenfete«. Er hatte die Idee, seine bisher zufriedenen Kunden mit einem kleinen Provisionsangebot dazu zu bringen, einige seiner brachliegenden Bauplätze ihren Freunden und Bekannten anzubieten. Innerhalb von zwei Monaten tätigte er auf diese Weise zwei Hausverkäufe. Er erkannte recht schnell, dass er die herkömmlichen Geleise des Vertriebes nur zu verlassen brauchte, und mit ein wenig Phantasie und Kreativität funktionierte es, seine früheren Kunden auf diese Art und Weise zu »Hobbyverkäufern« zu machen.

Herab vom hohen Ross

Es gibt wohl kaum etwas Schwierigeres in unserem Leben als genau dann ruhig zu bleiben und den Überblick zu behalten, wenn plötzlich die finanzielle Grundbasis zusammenzubrechen droht. Meist verliert der Mensch dann als allererstes den Überblick und reagiert oft völlig panisch. Aber genau in diesen Momenten gilt es, ein besonders festes Vertrauen zu haben, Vertrauen in die eigene Persönlichkeit und vor allem in Gottes Führung, der einen auf genau diese Weise meist nämlich nur noch stärker, widerstandsfähiger und erfolgreicher machen will. Achten Sie einmal genau in solchen Situationen auf das Verhalten der selbst ernannten Erfolgsmenschen unserer heutigen Zeit, und Sie werden sehr schnell feststellen, dass hinter der glänzenden Fassade sehr oft nur heiße Luft hervorweht. Dies aber sind dann genau jene Lebenssituationen, in denen man demütig heruntersteigen sollte von seinem hohen Ross und einmal beweisen kann, dass man wirklich ein Erfolgsmensch ist. Wichtig ist also, binnen kürzester Zeit – ähnlich meinem Bekannten, der seine Immobilienfirma wieder auf die Beine brachte – nachzudenken, auf seine eigene Kraft und Gottes Führung zu vertrauen und möglichst ins Handeln zu kommen, statt ins Jammern zu verfallen.

Aus diesem Grund steht auch im Neuen Testament (Hebräer 12) sinngemäß: In dem Augenblick, in dem wir gestraft werden, bereitet uns das nicht Freude, sondern Schmerz, aber später bringt es denen, die durch diese Schule gegangen sind, als Frucht Frieden und Annahme bei Gott. Denn so heißt es an anderer Stelle im gleichen Abschnitt weiter: Verlier nicht den Mut, wenn der Herr dich schlägt! Denn wen er liebt, den

erzieht er mit Strenge; und wen er als seinen Sohn annimmt, dem gibt er auch Schläge.
Gerade heute an der Schnittstelle zum neuen Jahrtausend werden Millionen von Erdenbürgern durch genau solche spirituellen Prüfungen geschickt, und sollten auch Sie oder einer Ihrer Freunde sich vielleicht gerade in einer solchen oder ähnlichen Situation befinden, so nehmen Sie am besten meinen folgenden Rat an, beziehungsweise geben Sie ihn an die jeweilige Person weiter: Es gibt zwar keine hundertprozentige Sicherheit im Leben, aber dem, dem es in Notsituationen gelingt, im Handeln zu bleiben und sein Gottvertrauen unvermindert hochzuhalten, dem wird auch die schwierigste Gratwanderung gelingen, weil er nämlich genau jene Stärke und Zentriertheit an den Tag legt, um die es in solchen Prüfungen federführend geht.

Millionen bedürfen der Hilfe

Und genau das liebe Leser(innen) sollten auch Sie tun, nämlich zum Berg zu gehen, wenn der nicht zu Ihnen kommt. Sie sollten sich selbst um Hilfe und Unterstützung bemühen, wenn Sie merken, dass Sie nur bedingt oder gar nicht weiterkommen. Genau aus diesem Grund haben wir vor knapp zehn Jahren diese Drei-Tages-Aktiv-Seminare ins Leben gerufen. Seit meinem ersten Buch (»Nichts ist unmöglich«, 1992) werde ich seitens des Buchhandels immer wieder mit dem Vorwurf konfrontiert: »Der Kummer macht mit seinen Büchern doch immer nur Werbung für seine Seminare!«
Doch was bleibt mir anderes übrig in einer Gesellschaft, in der der Mensch ab 30 Jahren (und hier beginnen in

der Regel die Schwierigkeiten und Probleme des Lebens) nur noch geduldet wird, weil er bereits zu alt ist, um noch einen verantwortungsvollen Job zu bekommen, aber schon längst zu intelligent für die plumpen Verführungskünste einer immer größer werdenden Werbeindustrie, die den mündigen und kritischen Menschen natürlich nicht so einfach manipulieren kann wie junge Leute im Alter von sechs bis 20 Jahren.
Gerade weil ich weiß, dass es in Deutschland viele Millionen Menschen gibt, die dringend Hilfe bräuchten, sich aber nicht trauen, mit jemandem darüber zu sprechen, weil dieses Thema in unserem Lande schlicht und ergreifend ein Tabu ist, weise ich immer wieder auf diese Seminararbeit hin. Wir belügen uns doch heute alle nur gegenseitig, wir sind alle »supergut drauf«, und es geht uns hervorragend. An wen sollte sich der Mensch aber in seiner Not wenden, wenn es eben nicht so ist und er nicht weiß, was er tun soll?
Leider wird beispielsweise auch die Psychotherapie in Deutschland heute immer noch – und zwar flächendeckend – mit Psychiatrie verwechselt. Es herrscht der Glaube vor, dass ein Therapeut nur etwas für Geisteskranke in der »Klapsmühle« ist. Glauben Sie mir bitte, liebe Leser(innen), es gibt keinen einzigen Menschen auf dieser Welt, dem Therapiesitzungen oder ein solches Aktiv-Seminar nichts bringen würden. Unser aller Verletzungspotenzial im seelischen Bereich ist nämlich so gigantisch hoch (allein schon im Säuglingsalter, in dem wir uns ja noch nicht wehren konnten), und deshalb lasse ich auch nicht nach, Sie immer wieder zu ermutigen, sich Fachleuten zu offenbaren und anzuvertrauen, wenn Sie in Ihrem Leben an schmerzhafte Grenzen, egal welcher Art auch immer, stoßen.
Also, trauen Sie sich, wenn Sie allein auf sich gestellt mit

Büchern und Kassetten nicht mehr weiterkommen, und haben Sie den Mut, in Ihr Glück, Ihre Gesundheit, Ihr Wohlbefinden und Ihren ganz persönlichen Wohl-Stand etwas Geld zu investieren. Glauben Sie mir, es lohnt sich wirklich.

Schreiben Sie mir also bitte, wenn Sie noch etwas mehr über unsere Seminare, deren Ablauf und die Erfolgsaussichten wissen wollen, und rufen Sie entweder mich oder eine meiner Therapeutinnen an, wir schicken Ihnen dann gerne unsere ausführlichen Unterlagen zu.

So, nachdem nun alles zu Papier gebracht ist, was mir auf dem Herzen lag, möchte ich dieses Buch jetzt gerne mit den besten Wünschen für Sie und Ihre persönliche Arbeit sowie mit einem, wie ich finde, sehr passenden Reim aus der Feder von Friedrich Rückert beschließen, in der Hoffnung, auch Ihnen damit ein wenig weitergeholfen zu haben.

»Schlägt dir die Hoffnung fehl,
nie fehle dir das Hoffen!
Ein Tor ist zugetan,
doch tausend sind noch offen.«

Begriffserläuterungen

Affirmation: Bejahende, zustimmende, bekräftigende Aussage.

Blockade: Physisch verursachte Störfaktoren, die sich im Körper festsetzen.

Chakren (sanskrit = Räder): Feinstoffliche Kraftzentren des Körpers, die sich ständig drehen und Lebensenergie aus dem Kosmos aufnehmen und abgeben.

Dogmen: Feste, als Richtschnur geltende, religiös-kirchliche Lehr- bzw. Glaubenssätze.

Esoterik: Geheimlehre einer Religion, Schule oder Lehre.

Evolution: Entwicklung, Entfaltung: Entwickelt kann nur werden, was zuvor eingewickelt worden ist. Der Gedanke der Entwicklung setzt daher voraus, dass das, was entwickelt werden soll, im Prinzip schon verhüllt vorhanden, nur eben noch nicht sichtbar ist. Unsere heutige Wissenschaft kennt leider nur eine reine physische Evolution und keine spirituelle.

Idol: Von einer Anhängerschaft als geistiger Führer verehrte und anerkannte Persönlichkeit.

Imagination: Phantasie, Einbildungskraft, bildhaft anschauliches Denken, geistiges Vorstellungsbild.

Intuition: Eingebung, (plötzlich) ahnendes Erfassen.

Karma: Im Buddhismus das durch die Form der Wiedergeburten eines Menschen bestimmte Handeln bzw. durch ein früheres Handeln bedingte gegenwärtige Schicksal.

Konstruktives Denken: Gezielte Vorstellung einer gewünschten Situation bzw. Handlung im Geiste nach dem Motto: »Denken sollst du an was noch nicht ist, damit es werde« (Elisabeth Haich).

Kontemplation: Versunkenheit im Werk, beschauliches Nachdenken, Nachsinnen und geistiges Sich-Versenken in etwas.

Manifestation: Das offenbare Sichtbarwerden, Erkennbarwerden in der dreidimensionalen Welt.

Massenbewusstsein: Der Glaube der großen Masse, dass ausschließlich nur das wirklich existent sein kann, was man mit den physischen Augen sehen und den physischen Händen anfassen kann. Glaube an Zufälle, Glück, Pech und an die Notwendigkeit kämpfen zu müssen, um sich im Leben behaupten zu können.

Meditation: Nachdenken, sinnende Betrachtung, religiöse Erfahrung, religiöse Übung, die zur Erfahrung des innersten Selbst führen soll.

Transzendentale Meditation: Meditation mit Hilfe eines sich immer wiederholenden Mantras (Wortes).

Metaphysik/metaphysisch: Lehre, die das hinter der sinnlich erfahrbaren Welt liegende, die letzten Gründe und Zusammenhänge des Seins behandelt.

Mikrokosmos: Die kleine Welt des Menschen als verkleinertes Abbild des Universums.

Makrokosmos: Das Weltall.

Phantasiereisen: Innerliches Erlebnis, Reise oder Spaziergang mit Hilfe der Vorstellungskraft.

Philosophie: Forschendes Fragen und Streben nach Erkenntnis des letzten Sinnes, der Ursprünge des Denkens und Seins, der Stellung des Menschen im Universum, des Zusammenhanges der Dinge in der Welt.

Reinkarnation: Lehre von der Wiedergeburt der Menschenseele in jeweils verschiedenen Körpern, Epochen/Zeitaltern.

Spirituell: Geistig, geistlich; man nimmt das Wirkliche als geistig oder als Erscheinungsweise des Geistigen an, unmittelbare Verbindung des Menschen mit Gott.

Suggestion: Beeinflussung eines Menschen, Verinnerlichung von Gefühlen, Gedanken, Eindrücken.

Vision: Vorstellung eines in Bezug auf die Zukunft enworfenen Bildes, Erscheinung vor dem geistigen Auge.

Visualisieren: Eine Form geistiger Konzentration, sich etwas bildlich vorzustellen und über längere Zeit so deutlich wie möglich zu machen.

Wissenschaftliches Gebet: Sich mit der Kraft (Gotteskraft), die das Universum lenkt, in Verbindung setzen.

Yoga: Wörtlich meist als »Union«, »Vereinigung« gedeutet. Yoga ist ein Jahrtausende altes Wissen um die Fähigkeit des Menschen, sich weiterzuentwickeln und dem Absoluten der Gottheit nahe zu kommen.

Literaturhinweise

Ackermann, R.: »Ab heute tu ich, was ich will«, München 1997.
Bach, R.: »Die Möwe Jonathan«, Berlin 1972.
–: »Illusionen«, Berlin 1978.
Börner-Kray, B.: »Der geistige Weg zum Überleben«, München 1985.
Brückmann, U.: »Das Ende der Endzeit«, Fichtenau 1998.
Carnegie, D.: »Sorge Dich nicht, lebe!«, München/Wien 1949.
Cerminara, G.: »Karma und Wiedergeburt«, Müncen 1993.
Coelho, P.: »Der Alchimist«, Zürich 1996.
–: »Der fünfte Berg«, Zürich 1998.
–: »Veronika beschließt zu sterben«, Zürich 2000.
Cole-Wittaker, T.: »Mentaltraining im Alltag«, München 1997.
Davis, R.: »So kannst Du Deine Träume verwirklichen«, Friedrichsdorf 1993.
–: »Wahrheitsstudien«, Friedrichsdorf 1975.
–: »Die Macht der Seele. Erlebte Wirklichkeit«, Friedrichsdorf 1978.
–: »Entfalte Dein inneres Potential«, Friedrichsdorf 1993.
Dethlefsen, T.: »Schicksal als Chance«, München 1997.
Dethlefsen, T./Dahlke, R.: »Krankheit als Weg«, München 1983.
Emmerson, R. W.: »Essays«, Zürich 1982.
–: »Das Emmerson-Brevier« (K. O. Schmidt), Pforzheim 1980.
–: »Spanne deinen Wagen an die Sterne«, Freiburg/Basel/Wien 1980.
Fox, E.: »Die Kraft der universellen Lebensenergie«, München 1982.
–: »Die Bergpredigt«, Pforzheim 1966.
Frank, U.: »Was passiert, wenn ich sterbe«, Weiler im Allgäu 1989.
Friebe, M.: »Das Alpha-Training«, Zürich 1986.
–: »Das Omega-Training«, Zürich 1988.
–: »Geh durchs Tor, Miranda«, München 1989.
–: »Vom Kopf zum Herzen« (Brevier für den Manager des neuen Zeitalters), Zürich 1990.
–: »Das Sonnenbewusstsein«, Schaffhausen 1995.
Gawain, S.: »Im Garten der Seele«, München 1988.
–: »Leben im Licht«, München 1990.
–: »Stell Dir vor«, Basel 1984.
Griscom, Ch.: »Heilung der Gefühle, Angst ist eine Lüge«, München 1988.

Gruber, E./Kersten, H.: »Jesus starb nicht am Kreuz«, München 1998.
Haich, E.: »Einweihung«, Ergolding 1985.
Hay, L.: »Du bist Dein Heiler«, München 1987.
–: »Gesundheit für Körper, Geist und Seele«, München 1989.
–: »Liebe Deinen Körper«, Freiburg 1990.
–: »Heile Deinen Körper«, Freiburg 1989.
–: »Wahre Kraft kommt von innen«, Freiburg 1992.
Hill, N.: »Denke nach und werde reich«, Genf 1975.
Höller, J.: »Sprenge Deine Grenzen«, München 1998.
Holey, H.: »Jesus 2000«, Fichtenau 1997.
–: »Bis zum Jahr 2012«, Fichtenau 2000.
Holmes, E.: »Vollkommenheitslehre«, Friedrichsdorf 1985.
–: »Der Schlüssel zu Deinem wahren Wesen«, Friedrichsdorf 1983.
–: »Das hilft mir heute«, Friedrichsdorf 1990.
Kersten, H.: »Jesus lebte in Indien«, München 1993.
Kirschner, J.: »Die Kunst, ein Egoist zu sein«, München 1976.
Kobjoll, K.: »Begeisterung ist übertragbar«, Zürich 1993.
Kummer, P.: »Ich will, ich kann, ich werde«, München 1994.
–: »Nichts ist unmöglich«, München 2000.
–: »Ab heute besser drauf«, München 1997.
–: »Warum geschieht gerade das ausgerechnet mir«, Landsberg 1997.
Lejeune, E.: »Lebe ehrlich – werde reich!«, Landsberg 1997.
Markides, K. C.: »Der Magus von Strovolos«, München 1988.
McLaine, S.: »Zwischenleben«, München 1985.
–: »Zauberspiel«, München 1984.
–: »Tanz im Licht«, München 1986.
Mulford, P.: »Unfug des Lebens und des Sterbens«, Frankfurt/M. 1977.
–: »Die Möglichkeit des Unmöglichen«, Berlin 1972.
–: »Ausgewählte Texte«, München 1986.
–: »Alltagsphilosophie«, Zürich 1982.
–: »Seeleninventar«, Zürich 1981.
–: »Einer, der es wagt«, Pforzheim 1970.
Ponder, C.: »Die dynamischen Gesetze des Reichtums«, München 1980.
–: »Bete und werde reich«, München 1981.
Ramtha: »Ramtha«, Peiting 1995.
Redfield, J.: »Die Prophezeiungen von Celestine«, München 1994.
Roberts, J.: »Gespräche mit Seth«, Genf 1979.
Roger, J., McWillams, P.: »Wie man seine Träume verwirklicht«, Berlin 1993.

Sharamon, S., Baginski, B.: »Reiki – Universale Lebensenergie«, Essen 1985.
Shinn, F. S.: »Das Lebensspiel und seine mentalen Regeln«, München 1990.
–: »Die Kraft Deiner Worte«, München 1989.
–: »Bitte, so wird Dir gegeben«, München 1991.
–: »Vertraue Deiner inneren Stimme«, München 1992.
Silva, J.: »Die Silva-Mind-Methode«, München 1988.
–: »Silva-Mind-Control«, München 1977.
Sogyal, R.: »Das tibetische Buch vom Leben und vom Sterben«, München 1994.
Spalding, B.: »Leben und Lehre der Meister aus dem fernen Osten«, Band 1–5, Hammelburg 1961.
Spitzbart, M.: »3 Säulen für Ihre Leistungsfähigkeit«, Nürnberg 1999.
Stearn, J.: »Der schlafende Prophet«, München 1985.
Stevenson, J.: »Reinkarnationsbeweise«, Grafing 1999.
Streuer, M.: »Zauberformel Gedankenkraft«, Genf 1982.
Traschitzker, T.: »Pauli und die Wunschmaschine«, Pforzheim 1996.
Virtue-Carmel, P.: »Planet der Wandlung«, Güllesheim 1997.
Walsch, N. D.: »Gespräche mit Gott, Band 1–3«, München 1997.
Wattles, W. D.: »Das Gesetz des Reichwerdens«, Friedrichsdorf 1993.

Wegen Fragen und Informationen wenden Sie sich bitte an:

Büro Peter Kummer
Autor und Seminarveranstalter
Strandbadstraße 2
D-78345 Moos-Iznang
Tel. (0 77 32) 5 41 32
Fax (0 77 32) 5 41 82
E-mail: *info@peter-kummer.de*
Homepage: www.peter-kummer.de

Bestell-Coupon

für einen kostenlosen
Seminarprospekt

»Nichts ist unmöglich«

**Bitte in einem Brief mit
frankiertem Rückkuvert einsenden an:**
Peter Kummer
Taschenweg 34
D-75223 Niefern-Öschelbronn 1

Bestell-Coupon

für die Unterlagen der Firmenseminare
von Peter Kummer
im deutschsprachigen Raum

**Bitte in einem Brief mit
frankiertem Rückkuvert einsenden an:**
Peter Kummer
Taschenweg 34
D-75223 Niefern-Öschelbronn 1

Bitte überlassen Sie mir kostenlos Unterlagen
über Ihre Drei-Tages-Aktiv-Seminare

»Nichts ist unmöglich«

Name

Straße

PLZ / Ort

Datum Unterschrift

Bitte überlassen Sie mir kostenlos das Informationsmaterial über die Firmenseminare von

Peter Kummer

im deutschsprachigen Raum

Name

Straße

PLZ / Ort

Datum Unterschrift